T0207965

Medienwissen kompakt

Reihe herausgegeben von
Klaus Beck, Greifswald, Deutschland
Gunter Reus, Hannover, Deutschland

Die Reihe Medienwissen kompakt greift aktuelle Fragen rund um Medien, Kommunikation, Journalismus und Öffentlichkeit auf und beleuchtet sie in eingängiger und knapper Form aus der Sicht der Publizistik- und Kommunikationswissenschaft. Die Bände richten sich an interessierte Laien ohne spezielle Fachkenntnisse sowie an Studierende anderer Sozial- und Geisteswissenschaften. Ausgewiesene Experten geben fundierte Antworten und stellen Befunde ihres Forschungsgebietes vor. Das Besondere daran ist: sie tun es in einer Sprache, die leicht, lebendig und jedermann verständlich sein soll. Mit einer möglichst alltagsnahen Darstellung folgen Herausgeber und Autoren dem alten publizistischen Ideal, möglichst alle Leser zu erreichen. Deshalb verzichten wir auch auf einige Standards „akademischen" Schreibens und folgen stattdessen journalistischen Standards: In den Bänden dieser Reihe finden sich weder Fußnoten mit Anmerkungen noch detaillierte Quellenbelege bei Zitaten und Verweisen. Wie im Qualitätsjournalismus üblich, sind alle Zitate und Quellen selbstverständlich geprüft und können jederzeit nachgewiesen werden. Doch tauchen Belege mit Band- und Seitenangaben um der leichten Lesbarkeit willen nur in Ausnahmefällen im Text auf.

Weitere Bände in der Reihe http://www.springer.com/series/11553

Christoph Bertling · Thomas Schierl

Sport und Medien

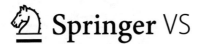

Christoph Bertling
Institut für Kommunikations-
und Medienforschung
Deutsche Sporthochschule Köln
Köln, Deutschland

Thomas Schierl
Institut für Kommunikations-
und Medienforschung
Deutsche Sporthochschule Köln
Köln, Deutschland

ISSN 2625-1469   ISSN 2625-1477 (electronic)
Medienwissen kompakt
ISBN 978-3-658-29326-0   ISBN 978-3-658-29327-7   (eBook)
https://doi.org/10.1007/978-3-658-29327-7

Die Deutsche Nationalbibliothek verzeichnet diese Publikation in der Deutschen
Nationalbibliografie; detaillierte bibliografische Daten sind im Internet über
http://dnb.d-nb.de abrufbar.

Lektorat: Barbara Emig-Roller
Springer VS ist ein Imprint der eingetragenen Gesellschaft Springer Fachmedien
Wiesbaden GmbH und ist ein Teil von Springer Nature.
Die Anschrift der Gesellschaft ist: Abraham-Lincoln-Str. 46, 65189 Wiesbaden,
Germany

Inhalt

1. Einstieg: Sport und Medien | 1

2. Aufbau des Bandes | 9

3. Das magische Dreieck | 13

4. Sportjournalismus: Mittendrin und nicht dabei | 31

5. »Fußball, Fußball, Fußball«.
Das schwere Los der Randsportarten | 49

6. Zwischen Amazon Prime und YouTube | 65

7. Fazit und offene Fragen | 79

Zum Weiterlesen | 85

Glossar | 89

1. Einstieg:
Sport und Medien

Das einleitende Kapitel thematisiert die wichtige Rolle der Massenmedien bei der Entstehung des Sports. Es verdeutlicht in einem weiteren Schritt die daraus entstandenen, bis heute stark wirkenden Spannungs- und Konfliktfelder in Sport und Medien und zeigt, welche Rolle digitale Medien in der (zukünftigen) Ausrichtung von Sport und Medien zukommt.

Was ist eigentlich Sport? Menschen antworten auf diese Frage höchst unterschiedlich. Zu hören ist von der morgendlichen Gymnastik, dem abendlichen Workout, den Turnübungen am Barren, dem Profi-Fußballspiel im Stadion oder dem Freizeitkick am Wochenende. In Wissenschaft und Forschung führt ein solch breites, alltägliches Verständnis schnell in ein geradezu babylonisches Wirrwarr. Es lässt wichtige Grenzen verschwimmen und verdeckt Wesentliches. Entsprechend sollten wir von Beginn an für etwas Klarheit sorgen, womit wir es hier zu tun haben. Erst dann bietet sich ein näherer Blick auf das illustre, oftmals schwierige Zusammenspiel von Sport und Medien an. Manch ein Leser, manch eine Leserin mag dabei erstaunt sein, wie eng umrissen doch das ist, was wir im Alltag nahezu ausufernd als Sport bezeichnen. Wir werden schnell sehen, dass Sport in seinem Kern eine besondere Spaß- und Freizeitaktivität ist – nicht mehr, nicht weniger.

© Springer Fachmedien Wiesbaden GmbH, ein Teil von Springer Nature 2020
C. Bertling und T. Schierl, *Sport und Medien*, Medienwissen kompakt,
https://doi.org/10.1007/978-3-658-29327-7_1

Ein kleiner Rückblick scheint notwendig, um dieses Verständnis zu erläutern. Der Begriff Sport entstand erst im 18. Jahrhundert und verwies in seiner ursprünglichen Verwendung auf Freizeit- und Vergnügungsaktivitäten des elitären Bürgertums und des Adels. Mitte des 19. Jahrhunderts ging er dann in die Alltagssprache ein. Erstmals wurde das Wort landläufig im britischen Raum verwendet, und zwar als Oberbegriff für Ballspiele wie Kricket, Fußball und Hockey sowie Kampfsportarten wie Boxen, Fechten und Ringen. Sport wies dabei von Anfang an sehr spezifische Charakteristika wie Leistung, Wettkampf und Rekordprinzip auf. Dies grenzte Sport von anderen Bewegungskulturen stark ab. Diese Charakteristika unterschieden ihn beispielsweise von der militärisch orientierten Turnbewegung. Den Turnern ging es in erster Linie um das Exerzieren gleichförmiger Übungen. Der Mensch sollte körperlich und geistig auf den militärischen Einsatz für das Vaterland vorbereitet werden. Ganz anders im Sport: Für den Sport wurden mit Stadien, Laufbahnen, Fußballfeldern neue, eigene Räume geschaffen. Hier wurden fortan Wettkämpfe ausgetragen und Rekorde erzielt. Hier herrschten spezifische eigenweltliche Regeln. Chancengleichheit wurde hergestellt, Leistungen wurden gemessen, Bestleistungen notiert. Durch diese Systematisierung, Disziplinierung und Leistungsvergleiche, wie es der Sporthistoriker Allen Guttmann bezeichnet, hob sich der Sport in seiner Entstehung nicht nur stark von der frühen Turnbewegung ab, sondern auch von vielen anderen Spiel- und Bewegungskulturen.

Hinzu kommt über die Jahrzehnte ein weiteres, wichtiges Merkmal. Während Sport anfangs einem exklusiven Kreis zur Unterhaltung vorbehalten war, änderte sich dies Mitte des 19. Jahrhunderts radikal. Jeder konnte nun durch ein immer vielfältigeres Vereins- und Verbandswesen Sport treiben. Wettkämpfe konnten in immer größeren Arenen verfolgt werden. Damit trat der Sport in die Öffentlichkeit. Das Publikum wurde zum integrativen Teil des Sports. Zuschauer beobachteten Rekorde, Sensationen, ihre tragischen Helden und illustren Stars. In ihren Alltagsgesprächen trugen sie ihre Faszination in alle Straßen, Gassen und Winkel. Seine geradezu aggressiv anmutende Modernität und kommunikativen Möglichkeiten sorgten schnell für den gesellschaftlichen Siegeszug des Sports.

Dieser Vormarsch ließ aber auch heftige Kritik aufkeimen. Ablehnung, Neid und Missgunst kamen dabei weniger von der begeisterten Bevölkerung. Es waren die Turner und Pädagogen, die in Bewegungsangeboten mehr als Unterhaltung und wilde Ausgelassenheit sehen wollten. »Fußlümmelei« schalten sie den Fußball. Sport allgemein war für sie abartig – ja, geradezu abnorm.

Berücksichtigt man diese Charakteristika des Sports, ist es wahrlich nicht erstaunlich, dass er sich im Verlaufe des 20. Jahrhunderts als moderne Bewegungs- und Freizeitbeschäftigung von Großbritannien schnell und nachhaltig in vielen Ländern ausbreitete. Dieser Entwicklung ist es auch zuzuschreiben, dass wir heute ganz allgemein von *dem* Sport sprechen und darin viele andere Bewegungskulturen (zumindest in der Alltagskommunikation) einschließen.

Seine Modernität verdrängte jedoch nicht nur andere Bewegungskulturen, sondern rückte den Sport immer stärker in die Mitte vieler Gesellschaften. Sport wurde zum »way of life« stilisiert. Attribute, die bis heute mit Sport verbunden werden, sind: Lässigkeit und Leistung, Disziplin und Jugend, Dynamik und Durchsetzungsvermögen. Entsprechend entstehen gepflegte modische Sportschablonen: durchtrainierte Manager, turnschuhtragende Politiker. Keine Frage: Sport ist schon lange mehr als nur körperliche Leistung. Sport drang – und dringt immer weiter – über die Jahrzehnte in mehr und mehr Lebensbereiche vor. Mittlerweile kämpfen sogar Computerspieler darum, als Sportler, nämlich E-Sportler, wahrgenommen zu werden.

Die bereits früh aufgekommene Debatte, ob Sport nur Unterhaltung sein darf, ist uns bis heute geblieben. Welten prallen aufeinander, wenn beispielsweise professionelle Fußballmanager und ehrenamtliche Mitarbeiter einer Randsportart ihr Sportverständnis untereinander austauschen. Es gibt bis heute keine einheitliche Sichtweise auf den Sport, vor allem in Deutschland nicht. Kaum überwindbare Gräben, zwischen Hauptamt und Ehrenamt, dem Verständnis des Sports als Kultur- oder Wirtschaftsgut, Profession und Amateurstatus, kennzeichnen die deutsche Sportlandschaft.

Doch welche Rolle spielen in all dem die Medien? Sie gehörten nie zu den Kritikern des Sports. Warum auch? Sie verstanden ihn schnell als besondere Chance. Ende des 19. Jahrhunderts gewannen Zeitungen und Zeitschriften für breite Gesellschaftsschichten größere Bedeutung. Das Zeitalter der Massenkommunikation nahm seinen Anfang. Die Zeitungshäuser standen vor der schwierigen Aufgabe, eine möglichst massenattraktive Berichterstattung zu bieten. Mit einer immer weiter wachsenden Medienlandschaft, die um ihre Kunden warb, spielten populäre Inhalte eine wichtige Rolle. Sport faszinierte nicht nur die Massen vor Ort, sondern auch als Medienprodukt die Leser. Ein Umstand, den Sport- und Mediensystem für sich zu nutzen wussten: Der Sport gründete immer mehr Verbände, Vereine, Wettbewerbe, und die Medien nutzten jede Gelegenheit, um massenattraktive Angebote herzustellen. Die früh gefundene Verbindung zwischen Sport, Medien und Wirtschaft sorgte für erfolgreiche Joint Ventures. Diese engen, nahezu symbiotischen Verflechtungen wurden bis heute immer enger und effizienter gestaltet. Hohe Reichweiten waren hierbei stets der elementare Antrieb des »magischen Dreiecks«.

Doch mit der Magie kamen auch schwerwiegende Probleme. Was für einige Medienanstalten und Sportakteure Geld und Anerkennung bedeutete, stellte schnell für viele Akteure eine Bürde dar. Es sind nur wenige Sportarten, die ein Massenpublikum fesseln. Doch ohne Popularität lässt sich keine Eintrittskarte in die Medienwelt lösen. In der Anfangsphase des Sports war dieses Problem für Sportorganisationen und Veranstalter noch nicht so bedeutsam, da die zentralen Erlöse aus dem Ticketverkauf kamen. Der Sport profitierte von seinen Fans vor Ort. Heute ist das anders: Mit steigender medialer Reichweite und Lizenzverkäufen an TV-Anstalten änderte sich die Ausgangslage radikal. Die mediale Aufbereitung wurde zum millionenschweren Haupterlös – und der Grad der Medienattraktivität zu *dem* Erfolgsmaßstab. Die Zuschauer vor Ort sind mittlerweile oftmals nur eine zweitrangige Einnahmequelle für den Sport.

Es ist umso erstaunlicher, dass viele Sportarten bis heute die zentrale Bedeutung der Medien für die Entwicklung ihrer Sportart unterschätzen. Während Fußball sich früh und nachhaltig der medialen Logik anpasste und hierdurch medial stets interessant blieb – bspw. durch die Einführung von Abseitsregeln oder Regeländerungen wie »Silver Goal« –, kämpfen viele Sportarten nicht nur um mediale Aufmerksamkeit, sondern auch um ihre bloße Existenz. Der wichtige Sponsorenmarkt ist kaum aktivierbar, ohne eine gewisse mediale Reichweite. Selbst die öffentlich-rechtlichen TV-Sender sind nur begrenzt bereit, weniger massenattraktive Sportarten medial stärker zu thematisieren. Staatliche Zuschüsse allein genügen kaum, um in der Weltspitze mithalten zu können. Die Schere in der Welt des Sports geht immer weiter auf. Manch eine Sportart scheint dabei unaufhaltsam in der Versenkung zu verschwinden.

Doch ist das gerecht? Die Meinungen gehen auseinander, wie wir in diesem Buch sehen werden. Viele Sportfunktionäre berufen sich auf die kulturelle Bedeutung des Sports und fordern eine vielfältigere Berichterstattung. Viele Medienschaffende sehen hierzu keine Notwendigkeit, da es ja für manche Sportarten in der Gesellschaft kaum Interesse gibt.

Die Mehrzahl der Sportjournalisten folgt traditionell der

zweiten Argumentationslinie. Sie verstehen sich als Unterhalter und Promoter des Sports. Sie widmen sich nahezu ausschließlich den besonders publikumsattraktiven Sportarten und -events. Erst in den vergangenen Jahren hat sich ein harter Kern an heftigen Kritikern des Sports unter den Sportjournalisten in Stellung gebracht. Diese Kritiker monieren, dass die Mehrzahl der Sportjournalisten nur »Fans seien, die den Sprung über die Stadionbande geschafft haben«, und fordern mehr investigative Recherche, bedingungsloseres Aufklären von Missständen, vielfältigere Thematisierung unterschiedlicher Sportarten und eine möglichst neutrale Aufbereitung. Dieses Spannungsfeld zwischen den Sportjournalisten greifen wir in einem eigenen Kapitel auf.

Auch wenn die Kritiker scheinbar immer lauter werden und kritisch-investigative Ansätze vermehrt zu beobachten sind, hat sich für viele Sportarten am Problem der fehlenden Medienpräsenz nicht wirklich etwas geändert. Zumindest nicht so, dass sie den Fan- und Sponsorenmarkt besser bedienen könnten. Zahlreiche Sportarten fordern Live-Berichterstattungen, da sie hierdurch ihre Sponsoren besser ins Rampenlicht rücken können. Doch genau das ist bei Randsportarten vom Publikum am wenigsten gefragt. Hier stellt sich die Frage, inwiefern Sport und Medien gemeinsam eine Strategie entwickeln können und wollen, um Randsportarten mehr Beachtung zu verschaffen.

Auf der anderen Seite ergeben sich für mediale Randsportarten in der heutigen Medienlandschaft ganz neue Chancen. In den vergangenen Jahren haben sich durch die Digitalisierung die kommunikativen Möglichkeiten ausdifferenziert. Die Bedeutung von sozialen Netzwerken hat in den Medien- und Sportmärkten stark zugenommen. Verbände, Vereine und Athleten haben die Möglichkeit, ihre eigenen Kommunikationswelten aufzubauen, um mit ihren Fan- und Sponsorenmärkten besser zu interagieren. Die sportjournalistische Aufbereitung wird mittlerweile nicht mehr als der einzige

Weg, sondern lediglich als ein Weg unter vielen verstanden. Zunehmend stellen sich Sportler, Verbände und Vereine die Frage, wie sie Kommunikationsfertigkeiten erwerben können. Sie wollen die Kommunikationshoheit übernehmen und dabei nicht nur für ihre Kommunikationskanäle, sondern auch für Massenmedien und neue Kommunikationsplattformen interessant sein. Viele mediale Randsportarten sehen dies als den neuen Königsweg an, der sie aus dem Niemandsland befreien soll.

Neue Kooperationsmuster mit beispielsweise Twitter, Amazon, YouTube sowie Vermarktungen auf der eigenen Homepage entstehen. Gemeinsame Produktionsverfahren mit großen Medienunternehmen wie News Corporation, Walt Disney, Red Bull sind geknüpft. Millionenschwere Investitionen fließen in neue Kommunikationsplattformen wie den Olympic Channel. Gleichzeitig wird mit neuen Kommunikationstools wie Künstlicher Intelligenz, komplexen Algorithmen, Augmented Reality experimentiert. Der häufig hohen Innovationsbereitschaft steht allerdings noch oftmals ein unbeholfenes, wenig strategisches Vorgehen gegenüber. Vor allem stehen klassische journalistische Qualitätskriterien mehr denn je auf dem Prüfstand.

Es herrscht viel Unsicherheit: Wie sollen diese neuen Märkte angesprochen werden? Welche Produkte braucht welcher Markt? Welche Kooperation, welche strategischen Allianzen sollten auf dem Sport- und Medienmarkt eingegangen werden? Liegt eine Lösung für Sportredaktionen darin, mit riesigen Datenmengen weitere redaktionelle Angebote zu schaffen? Oder liegt der größtmögliche Erfolg in der Entwicklung von Algorithmen und Datenstrukturen? Für den Sportjournalismus stellt sich zunehmend die Frage, welche Rolle er in Zukunft in einem sich stark ausweitenden Kommunikationsmarkt haben wird. Werden die Rechte im Jahr 2050 für klassische Medienunternehmen noch erschwinglich sein? Es stellt sich sogar die Frage, ob es *den* Sportjournalismus überhaupt gibt – oder haben wir es mit ganz unterschiedlichen Ausrichtungen und Auffassungen zu tun, die viel zu schnell unter dem Sammelbegriff »Sportjournalismus« gefasst werden?

Sport, so viel scheint sicher, wird auch in Zukunft ein dynamisches, stark von Innovationen getriebenes Kommunikationsfeld bleiben. Wie in der Vergangenheit dürfte es für Sport und Medien weiterhin wichtig sein, sich gegenseitig kompatibel zu gestalten und sich somit für die digitale, globalisierte Zukunft optimal zu positionieren.

2. Aufbau des Bandes

Das vorliegende Buch thematisiert zahlreiche Konflikte, Spannungen und
Brüche. Es konzentriert sich auf die tiefen Gräben, die mit der Popularität
des Sports in den Medien früh entstanden und bis heute nahezu überall
im Sport und den Medien vorzufinden sind. Auf den nachfolgenden Seiten
werden wir die tiefgreifenden Umbrüche im Sportjournalismus erkennen
und die zukünftigen Herausforderungen diskutieren.

Dieses Buch richtet sich damit besonders an alle Leser und
Leserinnen, die sich für das komplexe, oftmals schwierige
Verhältnis von Sport und Medien interessieren. Wie lässt sich
dieses Spannungsfeld in einem ersten Schritt einordnen? Wir
haben folgende Situation vor uns: Auf der einen Seite stehen
Sportbegeisterte, Spitzenathleten und Sportfunktionäre, die
sich oft nicht ausreichend wertgeschätzt fühlen. Dies ist vor
allem der Fall, wenn diese Personen einer sogenannten medialen Randsportart angehören. Oftmals monieren sie, dass
ihre Sportart nicht denselben Stellenwert wie Fußball in den
Redaktionen genießt. Sie fühlen sich und ihre Sportart un-
fair behandelt. Immerhin, so ihre Argumentation, würden sie
nicht weniger intensiv trainieren und wettstreiten. Sie verstehen nicht, warum sie trotz erreichter Bestmarken wie Welt-

© Springer Fachmedien Wiesbaden GmbH, ein Teil von Springer Nature 2020
C. Bertling und T. Schierl, *Sport und Medien*, Medienwissen kompakt,
https://doi.org/10.1007/978-3-658-29327-7_2

rekorden am nächsten Tag in den Medien kaum (ja, manchmal gar nicht) thematisiert werden.

Auf der anderen Seite verstehen Journalisten oftmals diese der Sportberichterstattung entgegengebrachte Aufregung
nicht. Sie können die Vorwürfe nicht mehr hören. Sie sehen
die Sportwelt in der Pflicht. Warum sollte ein Weltrekord thematisiert werden, wenn der beim Publikum nicht gefragt ist?
Wo lässt sich in einem solchen Fall die publizistische Ver-
pflichtung ausmachen? Schließlich kann ja nicht über jede
Sportart berichtet werden. Der Grund für starke Verärgerun-
gen in der Sport- und Medienwelt liegt dabei nicht selten in
der Unkenntnis der jeweils anderen Welt und ihrer Gesetz-
mäßigkeiten und Routinen. Sportakteure kennen die mediale Logik kaum. Medienakteure machen sich wenig Gedanken
über die Auswirkungen ihrer Berichterstattung. Hier ist Auf-
klärungsbedarf nötig. Das Buch zeigt deshalb beide Perspektiven auf: die der Sport- und die der Medienwelt, um für ein
grundlegendes Verständnis zwischen diesen beiden immer
mehr ineinander verflochtenen Bereichen zu sorgen. Hoffent-
lich zum Nutzen beider Seiten.

Das nachfolgende **Kapitel 3** umreißt in ersten groben
Zügen das sogenannte Magische Dreieck zwischen Sport,
Medien und Ökonomie. Es wird aufgezeigt, dass Sportjournalismus aufgrund seiner besonderen ökonomischen Rahmen-
bedingungen schon früh einen Sonderweg beschritten hat,
von dem er bis heute maßgeblich geprägt ist. Im Gegensatz zu
anderen Ressorts wie Wirtschaft oder Politik ist er stark von
Unterhaltungs- und Marktstrategien bestimmt und weicht somit in vielen Bereichen von klassischen journalistischen Kri-
terien ab.

Kapitel 4 beschäftigt sich mit den Kritikpunkten, die dem
Sportjournalismus in steter Regelmäßigkeit entgegengebracht
werden. Kritiker monieren, dass Sportjournalismus aufgrund
seiner Unterhaltungs- und Marktstrategien seine neutrale Position verloren habe und damit nicht zum kritischen Diskurs

von Sportthemen in der Gesellschaft beitrage. Dieser Vorwurf ist schwerwiegend. Immerhin spricht er der Sportberichterstattung ihre journalistische Bedeutung im klassischen Sinne ab. Das Kapitel zeigt auf, dass aus Sicht der Autoren viele Kritikpunkte zwar nicht gänzlich unberechtigt, jedoch stark zu relativieren sind und in einen anderen Kontext gesetzt werden müssen.

Kapitel 5 widmet sich einem besonderen Spannungs- und Konfliktfeld, das oftmals sehr hitzig diskutiert wird. Es wird aufgezeigt, dass nur wenige Sportarten wie Fußball starke Berücksichtigung in den Medien finden und die große Mehrzahl an Sportarten dort so gut wie gar nicht vorkommt. Es wird aufgezeigt, welcher Logik diese mediale Aufbereitung folgt und welche Probleme und Konflikte im Sport- und Mediensystem daraus entstehen. Hierbei werden mit dem sogenannten Repräsentanz- und Relevanzprinzip vorherrschende Grundpositionen aufgezeigt sowie verschiedene Lösungsansätze präsentiert, wie sie beispielsweise die medialen Randsportarten Biathlon und Moderner Fünfkampf entwickelt haben, um ihre Medienattraktivität zu steigern.

Kapitel 6 beschäftigt sich mit der Zukunft von Sport und Medien. Diese beiden Bereiche befinden sich momentan in einer Phase tiefgreifenden Umbruchs. Digitale Transformationen, transnationale Kommunikationsräume, Globalisierungstendenzen prägen die heutige Sport-Medien-Landschaft. Hieraus ergeben sich zahlreiche Chancen und Risiken für mediale Premium- und Randsportarten. Der Sportjournalismus in seiner klassischen Form scheint dabei zunehmend nur noch einen Teil eines neuen, größeren Ökosystems der Sportkommunikation auszumachen. Wirtschaftsunternehmen wie Amazon, Facebook oder Netflix agieren zunehmend mit Sportinhalten und verändern dabei die Sport- und Medienwelt.

Dieses Buch richtet sich an alle Leser und Leserinnen, die sich für Sport und Medien interessieren, sei es als Forschende, als Lehrende, als Sportfunktionäre, als Journalisten, als Vermarkter oder einfach nur als allgemein Interessierte.

3. Das magische Dreieck

Sehen wir uns in diesem Kapitel an, wie Sportjournalismus in Deutschland bereits in seiner Entstehungsphase einen journalistischen Sonderweg eingeschlagen hat. Einen Weg, der nicht nur immer weiter gegangen wurde, sondern bis heute sportredaktionelle Entscheidungen stark prägt. Wir beleuchten dabei etwas intensiver, dass Sportjournalismus spezifischen ökonomischen Zwängen unterliegt. Wir werden das besondere Wechselspiel zwischen Sport, Medien und Wirtschaft kennenlernen. Eine Beziehung, die weitreichende Folgen für die Aufbereitung sportjournalistischer Inhalte hat.

Als englische Sportarten wie Fußball, Pferdesport oder Tennis Ende des 19. Jahrhunderts in Deutschland immer populärer wurden, stieg die Berichterstattung darüber schnell sehr stark an. Dies war nicht verwunderlich. Große Medienkonzerne in Deutschland setzten schon zur damaligen Zeit allzu gerne auf die große Anziehungskraft des Sports. Der Konkurrenzkampf war groß, vom Sport ging eine neue, starke Faszination aus. Eine nahezu aggressive Modernität, etwas Freches, Aufmüpfiges haftete ihm an. Warum also nicht den Sport nutzen, um die Massen an die eigenen Medienprodukte zu binden? Warum nicht vom Sport und seiner magischen Anziehungskraft profitieren?

© Springer Fachmedien Wiesbaden GmbH, ein Teil von Springer Nature 2020
C. Bertling und T. Schierl, *Sport und Medien*, Medienwissen kompakt,
https://doi.org/10.1007/978-3-658-29327-7_3

Tatsächlich verstanden die Medienkonzerne Sport sehr früh als besondere Möglichkeit, ein großes Publikum für ihre Medienprodukte zu gewinnen. Er bot sich bereits aufgrund seines Sieg-, Rekord- und Sensationsprinzips besonders gut an, den Massengeschmack anzusprechen. Journalistische Sportbeiträge konnten zudem außergewöhnliche Leistungen zelebrieren, allzu unglückliche Niederlagen bedauern, zahlreiche Mythen und Legenden entstehen lassen – und damit die Massen für Medienprodukte begeistern.

Die faszinierende, fesselnde, geheimnisvolle Welt des Sports den Menschen näher bringen – genau darum ging es. Gerne griffen Medienunternehmen deshalb in der Anfangsphase auf Berichterstatter aus dem Sportbereich zurück. Sportler und Funktionäre schienen dazu besonders geeignet: Sie hatten Insider-Wissen. Und genau das war wichtig. Außerdem waren Sportler und Funktionäre sowieso vor Ort, d. h. man konnte sie kostengünstig nutzen. Ein wichtiger Faktor. Immerhin waren die Reisekosten noch viel höher als heute. Und die Welt des Sports war bereits damals stark international verflochten. So waren Sportler und Funktionäre streng gesehen die ersten Sportreporter. Von den Olympischen Spielen aus Athen, Paris, St. Louis, London, vom Sechstagerennen in Berlin, von der Tour de France in Frankreich – von überall her berichteten sie. Die Medienhäuser sahen darin kein Problem. Hier ging es ja nicht um eine objektive Einordnung höchst relevanter Informationen und Nachrichten, sondern um gut zu verkaufende Unterhaltungsprodukte. Von Beginn an schlug somit der Sportjournalismus im Vergleich zu anderen klassischen Ressorts einen besonderen Weg ein. Im Grundtenor war die Berichterstattung euphorisch, nicht kritisch. Unterhaltend, nicht informativ. Subjektiv, nicht neutral.

Um den heutigen Sportjournalismus und seine manchmal etwas skurril anmutenden Maßstäbe zu verstehen, ist es wichtig, seine Anfänge in dieser Hinsicht richtig einzuordnen. Mit der Berichterstattung über sportliche Ereignisse verfolgten Sportjournalisten von Beginn an eben nicht vorwiegend aufklärerische Ziele, sondern sie waren stets stark an einer Profitmaximierung für ihr jeweiliges Medienunternehmen interessiert. Und wie war dies am besten umsetzbar? Durch massenattraktive Unterhaltung. Da viele Reporter aus dem Sport selbst kamen, war ihnen zudem besonders an der gesellschaftlichen Entwicklung des Sports gelegen. Unterhaltung und Sport schien in den Massenmedien von Beginn an eine besonders Erfolg versprechende Verbindung.

Aus heutiger Sicht ist es schwierig zu klären, ob die Massenmedien dem Sport dazu verhalfen, die Gesellschaft zu durchdringen, oder die Massenmedien ein Phänomen für sich nutzten, das sich gerade massenhaft in der Bevölkerung durchsetzte. Es lässt sich allerdings sehr deutlich erkennen, dass die modernen Massenmedien und der moderne Sport schon früh ein sehr enges Verhältnis eingingen. Bereits um die Wende zum 20. Jahrhundert verliefen erste tiefgreifende Anpassungsprozesse zwischen Sport und Medien. So entwickelten beispielsweise die Medienunternehmen eigene Sportveranstaltungen, um über weitere, besonders massenattraktive Sportinhalte verfügen zu können. Ein Beispiel ist die Entstehung des Radklassikers Tour de France. Es war die Zeitung *L'Auto,* die um die damalige Jahrhundertwende die bekannte Frankreichrundfahrt ins Leben rief. Die Fahrradindustrie unterstützte dies, da sie unternehmerisch von der neuen Freizeitbewegung profitieren konnte. Und die Sportverbände begrüßten das neue Event, da sie sich so gegen ein immer stärker werdendes Konkurrenzangebot auf dem Sportsektor absetzen konnten. Daraus erwuchs eines der größten Sportmedienereignisse weltweit. Doch nicht nur im Radsport, sondern auch in Fußball, Autosport und vielen weiteren Sportarten entstanden in ähnlichen Konstellationen zahlreiche Wettbewerbe, Serien und Ligen.

Oftmals gerät in Vergessenheit, dass heutige sportliche Highlights wie die UEFA Champions League, Tour de France oder der Giro d'Italia aufgrund dieses engen Zusammenspiels von Wirtschaft, Medien und Sport entstanden sind. Oftmals werden diese Angebote heute als Klassiker des Sports verstanden – also als Ereignisse, die ursprünglich aus dem Sport und nicht aus wirtschaftlichen Interessen entstanden. Eine solche Annahme führt leicht zu groben Fehleinschätzungen. Häufig wird kolportiert, dass die Wirtschaft den Sport erst viel später maßgeblich beeinflusste. Doch von Anfang an entwickelte sich der Sportjournalismus innerhalb einer Konstellation, die als »magisches Dreieck« bezeichnet wird: eine äußerst enge Verflechtung von Sport, Medien und Wirtschaft, die im Wesentlichen auf ökonomischen Interessen und Abhängigkeiten fußt.

Zu dieser engen Wirtschaftsbeziehung trugen nicht unwesentlich auch die in den 1920er Jahren immer stärker zunehmenden Sportwetten bei. Ursprünglich – bereits im 18. Jahrhundert – wurden Sportwetten zur Finanzierung kostspieliger Zuschauersportarten wie Pferdesport von den Veranstaltern selbst genutzt. Die Zuschauer bezahlten nicht nur durch Eintrittskarten, sondern auch durch ihre Wetten, die eben von den Veranstaltern organisiert wurden. In den 1920er Jahren nahmen Sportwetten jedoch rasant zu. Nicht nur kommerzielle Anbieter sondern auch staatliche Institutionen traten als Wettveranstalter auf. Die Medien thematisierten das Wettgeschehen ausgiebig, informierten gerne über Wetteinsätze und Wettausgänge. Immerhin verschafften ihnen die Wettberichte ein noch größeres Publikum. Und der Sport profitierte von üppigen Zusatzeinnahmen.

Solche wirtschaftlichen Wechselspiele zeig(t)en sich stets auch sehr deutlich bei der Einführung neuer massentauglicher Medientechnologien. Jedes neue Medium nutzte seit jeher Sportinhalte, um die Chance zu erhöhen, möglichst schnell und weitreichend an Bedeutung zu gewinnen. In den USA wird die Geburtsstunde des Radios als Massenmedium mit der Übertragung des legendären Boxkampfes zwischen Jack Dempsey und George Carpentier gleichgesetzt. Am 2. Juli 1921 hörten 300 000 Menschen diese Sportübertragung an. Eine aus damaliger Sicht unerhört große Radio-Zuhörerschaft. US-amerikanische Medienforscher betonen in ihren Lehrbüchern immer wieder: Mit diesem Ereignis war die »Big-Audience-Communication« geboren – und mit ihr »Big-Business-Entertainment«. Bei der Einführung der Tageszeitung *Bild* in der jungen Bundesrepublik Deutschland spielten Sportinhalte ebenfalls eine besondere Rolle. Die Boulevardzeitung verlegte ihren Markteintritt im Jahr 1952 unmittelbar vor die Eröffnungsfeier der Olympischen Spiele in Helsinki. Die Popularität der Weltsportspiele wurde strategisch als publizistisches Zugpferd genutzt. Dieses Erfolgsrezept ahmten zahlreiche Printerzeugnisse nach. Im Jahr 1963 wurde beispielsweise das Kölner Boulevardblatt *Express* zum Auftakt der Fußball-Bundesliga gegründet.

Wirtschaftlich voneinander profitieren – dies ist seit jeher das große Credo im Beziehungsgeflecht von Sport, Medien und Wirtschaft. Vor allem in den letzten Jahrzehnten nahm dieses Ziel bei allen Akteuren immer stärker zu. In ihrem Wechselspiel versuchen Medien und Sport sich gegenseitig zu befruchten. Jeder will für sich das größte Stück vom Kuchen ergattern. Der aus dieser Verbindung erwachsene enorm hohe *Nutzen des Sports für die Medien* lässt sich anhand von drei zentralen Aspekten verdeutlichen.

1. *Reichweiten.* Top-Sportübertragungen sorgen für Top-Reichweiten. Sie sind die absoluten Quoten-Giganten – und dies weltweit. Bei der Fußballweltmeisterschaft 2006 in Deutschland sahen mehr als 61 Millionen Zuschauer mindestens ein Spiel live. Das waren 83 Prozent aller Personen in der Bundesrepublik Deutschland. Das WM-Spiel Deutschland gegen Italien verfolgten knapp 30 Millionen Zuschauer. Dies entsprach einem Marktanteil von gut 84 Prozent und war zum damaligen Zeitpunkt die höchste gemessene Fernsehreich-

weite seit Einführung der Personenreichweite in Deutschland im Jahr 1975. Bei der Fußball-WM 2010 wurde dieser Wert mit über 31 Millionen Zuschauern beim Halbfinalspiel der deutschen Mannschaft nochmals übertroffen. Die wahren Dimensionen einer Fußballweltmeisterschaft zeigen dabei aber vor allem weltweite Publikumsmessungen: Nach Erhebung des Weltfußballverbandes (FIFA) und des Partners Kantar Media verfolgten am 13. Juli 2014 insgesamt über eine Milliarde Menschen am Fernseher das WM-Endspiel zwischen Deutschland und Argentinien. Dies entspricht in etwa einem Siebtel der Weltbevölkerung. Laut verschiedener Erhebungen haben über 3,6 Milliarden Menschen – so viele wie nie zuvor – in Privathaushalten, bei öffentlichen Veranstaltungen oder auf digitalen Plattformen die Fußballweltmeisterschaft in Russland 2018 verfolgt. Über 1,1 Milliarden Menschen weltweit sahen sich das Finale live an.

Für Medien- und Wirtschaftsunternehmen ist dabei besonders attraktiv, dass diese enormen Reichweiten regelmäßig erreicht und damit planbar werden. Darüber hinaus ist auch die typische Publikumsstruktur der medialen Sportgroßereignisse für die Werbewirtschaft sehr interessant. Während viele Medieninhalte sehr spezifische Zielgruppen ansprechen, ist dies bei der medialen Präsentation von Top-Sportereignissen anders. Beispielsweise spricht eine Fußball-WM nahezu jede Person, jedes Milieu, jedes Bedürfnis an. Zahlreiche Untersuchungen zeigen, dass es kaum Schwankungen in der Akzeptanz und Beliebtheit zwischen den einzelnen Milieus gibt. Gerade im Fußball scheinen sich die Gegensätze zu vereinen. Zumindest am Bildschirm.

Die großen Publikumsgiganten sind allerdings auch in der Sportmedienwelt rar. Sie stellen ein äußerst knappes Gut dar, das nur sehr begrenzt produzierbar ist. Entsprechend ist es auch nicht verwunderlich, dass Sport als Programmsparte rein quantitativ nur eine relativ geringe Bedeutung aufweist. Im Fernsehen werden beispielsweise lediglich rund acht Prozent des Programmangebotes mit Sport bestritten (gegenüber ca. 45 Prozent Information oder 25 Prozent Fiktion).

2. *Markierung und Profilierung.* Ein weiterer Nutzen ist die besondere Möglichkeit zur Profilierung. Mit der sogenannten Dualisierung des Rundfunks in Deutschland Mitte der 1980er Jahre nahm nicht nur die Senderanzahl, sondern auch der Wettbewerb auf dem Medienmarkt sehr stark zu. Entsprechend wurde es für einzelne Sender immer wichtiger, sich ein unverkennbares, eigenes Sendeprofil zu schaffen. Eine lohnenswerte Möglichkeit sahen öffentlich-rechtliche wie privatrechtliche Sender in der exklusiven Übertragung von Sportveranstaltungen. Beispielsweise setzte der Privatsender RTL sehr früh auf die Übertragung von Formel-1-Rennen und hochklassigen Boxabenden, um eine junge, männliche und vor allem kaufkräftige Zielgruppe anzusprechen. Mit den Übertragungen ging eine höchst effektive Event- und Starinszenierung einher. Es entstanden die medial gesteuerten Images des bescheidenen Helden Michael Schumacher und des Gentleman-Boxers Henry Maske. Diese RTL-Event- und Starinszenierungen sorgten noch in den 1990er Jahren regelmäßig für Millionenpublika.

Immer wieder helfen Top-Sportereignisse auch beim Reputations- und Reichweitenaufbau von TV-Sendern in einem hart umkämpften Medienmarkt. Sehen wir uns den Fall des Spartensenders TM 3 mit dem spektakulären Erwerb der Fußball-Champions-League-Rechte näher an. Über 20 Jahre ist es her, dass TM 3 die Champions League ausstrahlte. Der Sender holte sich die Rechte, um sich zu einem Vollprogramm zu entwickeln. Und tatsächlich: Der nahezu unbekannte Sender wurde quasi über Nacht in fast alle deutschen Kabelhaushalte eingespeist. Von Beginn an sahen ca. drei Millionen Zuschauer im Schnitt ein Champions-League-Spiel. Über Nacht war ein unbekannter Sender durch den Erwerb eines sportlichen Großereignisses zu nationaler Prominenz gelangt. Solche Strategien werden sehr zutreffend als Rammbock-Strategien bezeichnet. Es sollen mit populären Sportereignissen sehr schnell hohe Reichweiten erreicht werden und damit Relevanz auf dem Zuschauer- wie auf dem Werbemarkt.

Doch nicht nur mediale Newcomer, sondern auch die Alteingesessenen nutzen Sport als mediales Zugpferd. Bis heute versuchen öffentlich-rechtliche und privatrechtliche Sender durch die exklusive Ausstrahlung von Top-Sportevents, ihr Medienunternehmen zu profilieren. Ziel dieser Strategie ist es, in einer Zeit, in der sich viele Sendeinhalte stark angeglichen haben, einige unverkennbare Programmhighlights für ein Massenpublikum anzubieten. Allerdings wird eine solche Markierung und Profilierung zunehmend schwieriger umsetzbar, da die Kommunikationshoheit von Live-Übertragungen mittlerweile bei den jeweiligen Veranstaltern liegt. Journalisten können im Live- und Near-Live-Segment immer weniger die Aufbereitung der Inhalte bestimmen. Zahlreiche Verbände, Vereine und Ligen haben seit der Jahrtausendwende eigene Medien-Produktionsfirmen gegründet. Exemplarisch lassen sich hier das Internationale Olympische Komitee (IOC) oder auch der Fußball-Weltverband (FIFA) benennen. Diese verbandseigenen Produktionsfirmen agieren teilweise mit einer Personalausstattung, die die von klassischen, journalistisch orientierten Medienunternehmen bei weitem übersteigt. Die mediale Ausrichtung dieser Firmen ist global sowie auf ihr eigenes exklusives Werbe- und Sponsorenumfeld justiert.

Oftmals wird übersehen, dass Sport erst mit der Dualisierung des Rundfunks diese zentrale Bedeutung gewann: einerseits als Sparte im Gesamtprogramm und andererseits als Kostenpunkt auf dem Beschaffungsmarkt. Zuvor hatten die öffentlich-rechtlichen TV-Sender Sport vergleichsweise stiefmütterlich behandelt. Dies erklärt sich mit einem damals so gut wie nicht vorhandenen Wettbewerb und einer anderen publizistischen Grundeinstellung auf dem TV-Sektor. Es wurden teilweise sogar sehr große Sportevents nicht ausgestrahlt, da Bandenwerbung in Stadien als unerlaubte Werbemaßnahme im TV-Bild galt. Qualitätszeitungen setzten über Sportbilder schwarze Balken, um die Bandenwerbung zu verdecken. Bandenwerbung in journalistischen Produkten wurde als Schleichwerbung angesehen, und die galt es zu verhindern.

3. *Redaktionelle Anschlussfähigkeit.* Je stärker Sport zum Gesprächsthema wurde, desto mehr profitierten die Medien. Da war es kein Wunder, dass die Medien und der Sport versuchten, Sport zu einem möglichst großen Gesprächsthema zu stilisieren. Zu diesem Zweck entstanden hoch effiziente Strategien: So werden beispielsweise Kameras für einzelne Stars abgesteckt, Leistungsdaten in das Live-Signal eingeblendet, Second-Screen-Angebote und besondere Kamerapositionen entwickelt. Auch im direkten Umfeld, zeitlich vor und nach dem eigentlichen Event, taucht Sport in verschiedenen redaktionellen Kontexten als massenattraktives Unterhaltungsangebot auf. Promi-Magazine thematisieren Stars von ihrer »persönlichen Seite«. In der Sportberichterstattung werden durch zahlreiche Human-Touch-Stories und Analyse-Berichte mit verhältnismäßig kostengünstigen Produktionsmitteln Events zeitlich und inhaltlich gestreckt. Die Berichterstattung über Sportereignisse wird mit zahlreichen unterhaltenden Elementen angereichert. Solchen redaktionellen Ausweitungen sind allerdings auch Grenzen gesetzt, denn das Publikum nimmt eine redaktionelle »Streckung« nur bis zu einem gewissen Ausmaß an. Zudem ist eine starke Ausweitung von hochklassigen Top-Sportevents kaum möglich, denn es besteht eine »Inelastizität des Angebotes«: Sportinhalte lassen sich weder durch andere Inhalte einfach ersetzen noch mengenmäßig ausweiten. Entsprechend entstehen über die alltägliche Berichterstattung hinaus Formate, die von der (täglichen) Berichterstattung und damit den aktuellen Geschehnissen im Sport abgekoppelt sind: Prominente kämpfen

bei der Wok-WM gegeneinander, oder Sportler treten in Unterhaltungsshows wie dem »Dschungelcamp« oder »Das perfekte Dinner« auf.

Die dahinter liegende Logik ist einfach: Je stärker der Sport im Gesamtprogramm in verschiedenen Ressorts auftaucht, desto stärker profitieren die jeweiligen Medien von den steigenden Reichweiten.

Mittlerweile nimmt diese strategische Aufbereitung von Sport in den Medien durchaus kritische Ausmaße an. Teilweise lässt sich eine starke Bevorzugung von Sportinhalten in Nachrichtenformaten feststellen. Warum das? Ganz einfach: Wenn TV-Sender die exklusiven Übertragungsrechte besitzen, lohnt sich eine nachrichtliche Aufladung der eigenen Sportrechteinhalte. Befunde inhaltsanalytischer Untersuchungen zeigen dies besonders deutlich bei privatrechtlichen TV-Sendern. So rollen bei RTL die Formel 1-Rennboliden extra lange durch die eigenen Nachrichtenformate. Allerdings ist dies kein privatwirtschaftliches Medienphänomen: Bei öffentlich-rechtlichen Sendern lässt sich das, wenn auch in etwas abgemilderter Form, ebenfalls beobachten.

Doch nicht nur die Medien profitieren von Mediensport, sondern auch der Sport. Sehen wir uns drei zentrale Aspekte an, die dies verdeutlichen: 1. Die Finanzierung der Veranstalter, 2. die Finanzierung der Sportakteure und 3. die Popularisierung.

1. *Finanzierung der Veranstalter.* Durch den Verkauf von Übertragungsrechten lassen sich die Erträge der Sportveranstalter stark erhöhen. Dies hängt maßgeblich mit günstigen Kostenstrukturen zusammen. Bei der Ausrichtung von Live-Sportevents fallen für die Veranstalter mit steigender Zuschauerzahl auch mehr Kosten an. Es müssen mehr Sicherheitspersonal gestellt, mehr Plätze geschaffen, mehr Tickets gedruckt werden usw.. Ganz anders beim TV-Publikum. Hier

fallen pro zusätzlichen Zuschauer so gut wie keine weiteren Kosten an. Entsprechend lukrativ ist ein Millionen-TV-Publikum.

Durch diese über den Ticketverkauf hinaus erzielten Erträge lassen sich Sportveranstalten erst in einer breit zu vermarktenden Qualität produzieren. Bei medialen Premiumsportarten hat an den Einnahmen die mediale Verwertung meist den deutlich größten Anteil. Die Einnahmen durch Ticketing und Merchandising vor Ort dagegen haben in den vergangenen Jahren immer stärker an Bedeutung verloren. Bei der Deutschen Fußball Liga (DFL) beispielsweise sind die Erlöse aus Übertragungsrechten mittlerweile nicht nur fast doppelt so hoch wie die Erlöse, die im Stadion direkt generiert werden; sie haben in den vergangenen Jahren auch den größten Zuwachs im Einnahme-Mix zu verzeichnen.

2. *Finanzierung der Sportakteure.* Erst die mediale Vermittlung macht aus Sport ein wirtschaftlich interessantes Werbeumfeld. Die Wirkung von Banden- und Trikotwerbung auf das Publikum vor Ort ist für die Werbetreibenden in der Regel kaum interessant. Sie interessieren sich vor allem für die Wirkung ihrer Werbemaßnahmen in den Massenmedien. Media-Agenturen, die die Wirkungen der Werbemaßnahmen nachweisen sollen, konzentrieren sich entsprechend auf On-Screen-Präsenz – also darauf, wie lange und in welcher Art und Weise eine Werbebotschaft auf verschiedenen Bildschirmen zu sehen war.

Auch Sportler werden maßgeblich erst durch mediale Vermittlung zu hochbezahlten Werbefiguren und Werbeträgern. Durch die Übertragung und die damit zusammenhängende Ausweitung des Publikums entstehen werblich interessante Bekanntheitsgrade und Sympathiewerte von Sportlern, mit denen sich nennenswerte Einnahmen aus Sponsoring und Merchandising erzielen lassen. Sportlern wird dies zunehmend bewusst, und sie wehren sich verstärkt gegen eine

Einschränkung ihrer möglichen Werbeauftritte durch Sportorganisationen. Ihr Vorwurf: Sportinstitutionen und nicht sie
selbst profitieren dadurch finanziell am stärksten. So forder-
te beispielsweise im Jahr 2018 die Athletenkommission des
Deutschen Olympischen Sportbundes (DOSB) in einem »Of-
fenen Brief« an das IOC 25 Prozent Beteiligung an den Erlö-
sen ihrer Persönlichkeitsrechte.

Der Soziologe Friedhelm Neidhardt spricht in diesem Zusammenhang von den Massenmedien als »Public Attention
Market«. Die Medien seien das zentrale Mittelstück, da sie
die Zuschauerzahlen entscheidend vervielfachten. Hierdurch
entsteht ein kommerzialisierter Kreislauf. Die nachgefragten
Sportarten liefern den Rohstoff zur Erzeugung von Publi-
kumsaufmerksamkeit an die Medien, welche die von ihnen
erreichte Publikumsquote dann an die PR- und Werbebran-
che für ökonomische, politische und sonstige Werbezwecke
vermarkten. Die Bedeutung der medialen Aufbereitung hat
u. a. dazu geführt, dass zahlreiche Sportveranstalter – wie
beispielsweise der europäische Fußballverband (UEFA) bei
der Europameisterschaft oder das IOC bei den Olympischen
Spielen – die Tickets besonders günstig anbieten. Der Hintergrund: Der Zuschauer wird zunehmend als »Prosumer« verstanden. Er konsumiert und zahlt für die Dienstleistung, ist
jedoch gleichzeitig als Kulisse ein wichtiger Bestandteil des
medialen Massenprodukts.

Es ist also nicht verwunderlich, dass seit Jahren die Werbe-
einnahmen bei besonders populären Spitzensportlern die
Einnahmen aus dem originären Sportumfeld bei weitem
übersteigen. Dies verhält sich so bei Sportikonen wie Michael
Jordan, Tiger Woods, Greg Norman, LeBron James, Lionel
Messi oder Neymar da Silva Santos Junior. Sie alle profitieren von ihrer medialen Strahlkraft. Diese Strahlkraft speist
sich dabei natürlich nicht allein aus ihrer sportlichen Exzel-
lenz. Sport wird, wie bereits auf den ersten Seiten dieses Buches erwähnt, von Menschen vorwiegend zur Unterhaltung

genutzt. Und das Unterhaltungspotenzial lässt sich über die sportlichen Leistungen hinaus problemlos ausweiten: Geballte und zum Sieg gestreckte Fäuste, in den Sand gemalte Herzen, ständig wechselnde hoch extravagante Frisuren, Verkleidungen wie Batman-Kostüme, erotische oder transsexuelle Auftritte mögen hier als Beispiele dienen. Auch abseits des sportlichen Wettkampfes lassen sich extravagante Lebensstile oder romantische Märchenhochzeiten inszenieren – und immer stärker ausweiten. Das verschafft den Sportlern Aufmerksamkeit, Image und je nach Qualität auch Differenzierung im Umfeld. Es führt zu einer Markierung, die wiederum zu medialer Aufmerksamkeit führt und damit in verschiedenen anderen Kontexten für weitere Parteien interessant wird.

3. *Popularisierung.* Von solchen Star-Images profitieren nicht nur die Stars selbst. Auch Veranstalter und Vereine sind Nutznießer. Konsumenten schließen nicht selten von der Teilnahme eines Top-Sportlers auf die Qualität des Sportereignisses. Die Teilnahme von Sportstars lässt sich also als besonderes Signal verstehen, da diese sich mit ihrem Namen für die Qualität eines Sportereignisses verbürgen. Durch Stars gerät das Sportevent besonders stark in den Blickpunkt. Auch hier kommt es zu vorteilhaften Rückschlüssen: Wenn ein Star an einem Sportevent teilnimmt, erwarten die potenziellen Zuschauer, dass auch andere Menschen an diesem Event interessiert sind. So kann eine soziale Sogwirkung einsetzen. Sportarten können also durch mediale Starinszenierungen und allgemeine Übertragungen Popularität und Bekanntheit erreichen oder diese deutlich ausweiten.

Auch durch eine positive und möglichst häufige Darstellung in den Medien können vorteilhafte Images für Sportarten aufgebaut werden. Diese sind wiederum Voraussetzungen für ein erfolgreiches Merchandising. Häufige Übertragungen einer Sportart deuten auf deren Bedeutung und stimulieren somit Nachfrage. Dies gilt nicht nur auf dem Wirtschafts-

sektor. Popularität hat neben ihrer direkten ökonomischen
Bedeutung auch Einfluss auf die Einwerbung von Nachwuchs
und ist somit für die langfristige Managementstrategie einer Sportart wichtig. Besonders deutlich zeigte sich dies in
den 1980er und 1990er Jahren im Tennissport. Steffi Graf und
Boris Becker sorgten mit ihrem Star-Appeal für einen jahr-
zehntelangen Tennisboom in Deutschland.

Erstaunlicherweise haben viele Sportarten dieses Poten-
zial bis heute strategisch noch nicht voll ausgeschöpft. Immer
wieder sieht man, dass bei unerwarteten Weltmeistertiteln
oder Olympiasiegen die Vereine und Verbände vom Ansturm
interessierter Menschen nicht nur überrascht werden, sondern durch mangelnde Voraussicht die Chance auf Mitglie-
derzuwachs größtenteils verspielen. Häufig haben sie im Vor-
feld verpasst, die nötige Infrastruktur aufzubauen.

Beachtet man die bisher aufgezeigten Zusammenhänge, kann
es wenig verwundern, dass sportjournalistische Entschei-
dungsprozesse in sehr starkem Maße von Marktstrategien be-
einflusst sind. Die unterschiedlichen Akteure aus der Sport-,
Medien- und Wirtschaftswelt versuchen journalistische Aufbereitungen jeweils zu ihren Gunsten bzw. gemäß ihrer unterschiedlichen Intentionen zu steuern. Einige Beispiele verdeutlichen dies:

1. Im Sportsektor lassen sich zahlreiche Maßnahmen beobachten, die zu einer stärkeren Beachtung bestimmter
Sportarten in den Massenmedien führen sollen. Es werden
immer wieder Regeländerungen vorgenommen, um nicht
vorwiegend den sportlichen Wert, sondern den massenme-
dialen Vermittlungswert zu steigern. So sind im Tischtennis
die Bälle größer geworden, im Volleyball ist die Spielerin-
nen-Bekleidung geschrumpft, mit dem Selbstpass im Hockey
ist die Geschwindigkeit gestiegen, und so weiter und so fort.
Die meisten Regeländerungen peilen dabei eine gesteigerte

TV-Präsenz an, da vor allem das Fernsehen eine besondere Strahlkraft verspricht. Um möglichst regelmäßig thematisiert zu werden, entstehen auch zunehmend mehr Sportveranstaltungen. Eine neue Strategie sind dabei sportartübergreifende Zusammenschlüsse: Im Jahr 2018 fanden beispielsweise erstmals die European Championships statt. Ein Multi-Sport-Event, das die europäischen Titelkämpfe im Turnen, Schwimmen, Rudern, Triathlon, Radsport und Golf vereinte. Die Hoffnung: große mediale Aufmerksamkeit. Während jede einzelne Sportart kaum Beachtung findet, soll der Zusammenschluss die neue Erfolgsformel sein.

Zunehmend mag man sich darüber hinaus im Sport nicht mehr nur auf die journalistische Medienproduktion verlassen und baut deshalb eigene Medien-Units auf. Durch selbstproduzierte Berichte und Streams können so den Massenmedien besonders kostengünstig Storys und Live-Formate angeboten werden. Außerdem lassen sich eigene Kommunikationsplattformen mit Live-Übertragungen bestücken – und damit den eigenen Fans kommunikative Mehrwerte bieten. Man spricht hier von sogenannten Footage- und Bartering-Deals. Unter Footage versteht man das Angebot von medialem Basismaterial und unter Bartering das kostenfreie Anbieten, um im Austausch massenmediale Aufmerksamkeit zu erlangen.

Besonders starke, international gut aufgestellte Verbände produzieren medial im großen Stil. Beispielsweise beschloss das IOC auf einem Reformgipfel in Monaco im Dezember 2014 die Installation eines IOC-eigenen Olympiakanals. Der Plan: Dieser Kanal soll in 200 nationalen TV-Märkten eingespeist werden. IOC-Präsident Thomas Bach erläuterte die Projektidee, deren erste Umsetzung mit 100 Millionen US-Dollar taxiert wurde. Sein Anspruch sei es, eine Plattform für alle olympischen Sportarten aufzubauen, die an 365 Tagen im Jahr sendet. Dieser Schritt des IOC, einen eigenen TV-Kanal zu betreiben, ist besonders bemerkenswert, da hierdurch erstmals alle medialen Kompetenzen beim Verband gebün-

delt wurden: Die Olympic Broadcasting Services (OBS) übernehmen alle Live-Produktionen, der Olympic News Channel
(ONC) und das Olympic Data Feed (ODA) sorgen für nachrichtliche Übertragungen, und der neue Olympic Channel
(OC) gewährleistet eigene, markenkonforme Ausstrahlungen.
Solche sogenannten vertikalen Integrationen praktizieren
zahlreiche internationale Verbände: die FIFA, die UEFA oder
die Formel 1.

2. Im Mediensektor lassen sich zahlreiche Versuche beobachten, Berichte über Stars, Ligen und Events exklusiv auszustrahlen. Hierbei werden nicht nur Übertragungsrechte, sondern ganze Sportevents, -ligen und Teams eingekauft.
Der TV-Sender British Sky Broadcasting gründete beispielsweise sein eigenes Radrennteam »Team Sky«, zu dem er bei
großen Radrennen wie der Tour de France exklusiven Zugang
hat. Andere Medienunternehmen haben sich in verschiedene Sportclubs eingekauft. Das indische Medienunternehmen
Zee Entertainment Enterprises, dem über 30 TV-Sender angehören, gründete vor einigen Jahren eine eigene private In-
dian Cricket League (ICL), die jahrelang nicht nur in Indien,
sondern auf vielen anderen nationalen Medienmärkten sehr
erfolgreich war.

3. Im Wirtschaftssektor lassen sich ähnliche Maßnahmen wie
auf dem Mediensektor beobachten. Unternehmen kaufen sich
zunehmend in den Sport ein, um von diesem zu profitieren.
Beispielsweise wurde die Eishockey-Profimannschaft EHC
Eisbären Berlin im Jahr 1994 in eine GmbH ausgegliedert, deren Inhaber die Anschutz Entertainment Group (AEG) ist.
AEG, eine Tochtergesellschaft der Anschutz Corporation, ist
eines der weltweit führenden Unternehmen im Bereich Unterhaltung und Sport. Sie besitzt und betreibt einige der weltgrößten Arenen. Außerdem vermarktet und produziert AEG
unterschiedliche Entertainment-Veranstaltungen. Um ihre

Arenen möglichst optimal zu bestücken, kauft sie sich weltweit in Sportmannschaften ein – u. a. erwarb sie Anteile an
den Eisbären Berlin, den Los Angeles Kings, den Los Angeles Lakers, den Sydney Kings und an Los Angeles Galaxy. Der
Getränkelieferant Red Bull kreiert wiederum unzählige eigene Sportarten und -events – wie »Crashed Ice«, »Flying Illu-
sion«, »Breakdance-Weltmeisterschaft BC One«. Manch einer
befürchtet bei den immensen Marketingmaßnahmen des Ge-
tränkeherstellers schon eine »Red-Bullisierung« des Sports.

Zunehmend lässt sich auch das sogenannte Brandcasting
als werbewirtschaftliche Unterwanderung der Sportberichterstattung beobachten. Der Begriff setzt sich aus den Wörtern
Brand (Marke) und Broadcasting zusammen und bezeichnet die Verbindung von redaktionellem Inhalt und werblicher
Kooperation. Ein frühes Musterbeispiel für Brandcasting im
deutschen Fernsehen war eine 13-teilige Sportartikelsoap na-
mens »The Road to Sydney«. Der Sportartikelhersteller Adi-
das ließ diese Soap für die Olympischen Spiele 2000 in Sydney
herstellen und positionierte seine Marke in einem ansonsten
werbefreien Umfeld. Ausgestrahlt wurde das Sport-Format im
Zuge der Olympiaberichterstattung bei »Eurosport« und dem
Zweiten Deutschen Fernsehen (ZDF). Explizite Hinweise auf
eine Dauerwerbesendung gab es nicht.

Nach der Betrachtung zentraler Marktstrategien im Mediensport scheint es für uns nun sinnvoll, in einem weiteren Schritt
die Probleme, die aus diesen Vermarktungsstrategien entstehen, etwas näher anzusehen. So ist das vorliegende Wechselspiel immer eine Gewinn- und Verlustrechnung, und es stellt
sich stets die Frage: Wann entstehen aus den (möglichen) Vermarktungsstrategien nicht beachtete Neben- und Anschluss-
effekte, die zu zentralen Problemen im Sport- und Mediensektor werden?

4. Sportjournalismus: Mittendrin und nicht dabei

In diesem Kapitel geht es darum, inwiefern die zahlreichen Verflechtungen von Sport und Medien und die hieraus gewachsenen Marktstrategien zu Spannungs- und Konfliktfeldern im Sportjournalismus geführt haben. Oftmals wird dem Sportjournalismus in diesem Zusammenhang journalistisches Versagen vorgeworfen. Auch wenn einzelne Kritikpunkte nachvollziehbar sind, erscheinen andere bei differenzierter Betrachtungsweise nicht angemessen.

Im vorherigen Kapitel haben wir uns die zahlreichen Verflechtungen von Sport, Medien und Wirtschaft angesehen. Bisher noch nicht thematisiert haben wir die zahlreichen Risiken, Spannungs- und Konfliktpotenziale, die aus den angesprochenen Strategien entstehen (können). Einige zentrale Konflikt- und Gefahrenherde sehen wir uns jetzt näher an:

1. *Starke TV-Ausrichtung:* Die meisten Sportveranstalter orientieren sich in erster Linie am reichweitenstarken Medium Fernsehen und vernachlässigen zunehmend ökonomisch weniger interessante Medien. Zugespitzt formuliert bedeutet dies: Mediensport wird zunehmend zum Fernsehsport. Die Bedeutung anderer klassischer Massenmedien wie Radio und Print geht für den Sport seit Jahrzehnten stark zurück. Dies

© Springer Fachmedien Wiesbaden GmbH, ein Teil von Springer Nature 2020
C. Bertling und T. Schierl, *Sport und Medien*, Medienwissen kompakt,
https://doi.org/10.1007/978-3-658-29327-7_4

hängt maßgeblich mit den recht unterschiedlichen medialen Aufbereitungsmöglichkeiten im Fernsehen und in der Presse sowie der medialen Sportrechtelage zusammen.

Betrachten wir Print: Die Bedeutung des Pressejournalismus für den Sport geht in Deutschland teilweise erdrutschartig zurück. Seit Jahrzehnten verzeichnen Printmedien, vor allem Tageszeitungen, stark sinkende Auflagenzahlen, und die Redaktionen sind ratlos, wie sie diese Abwärtsspirale aufhalten könnten. Bei der Tageszeitung spricht Journalismus-Forscher Stephan Ruß-Mohl von einem Zustand der »kreativen Zerstörung«. Grundbeobachtung ist eine stark sinkende Nachfrage auf dem Leser- sowie dem Werbemarkt. Diese Situation habe es für Verlage notwendig gemacht, neue Ideen zu entwickeln. Während in einigen journalistischen Bereichen zaghafte Ansätze zu beobachten sind, zeigt sich im Sportteil der meisten Tageszeitungen nur große Hilflosigkeit. Oftmals, wie wir in diesem Kapitel noch näher sehen werden, bereiten die Redaktionen in Sportberichten nur noch einmal auf, was jeder Sportinteressierte schon am Vortag im Fernsehen sehen konnte. So kann bei einer Fußballweltmeisterschaft üblicherweise einen Tag später nochmals der Spielverlauf nachgelesen werden. Dies dürften die wenigen daran interessierten Leser aber wohl schon im Internet getan haben. Der publizistische Mehrwert einer solchen Presseberichterstattung tendiert gegen null.

Auch pure Sport-Presseprodukte tun sich enorm schwer. Während in einigen europäischen Ländern Sporttageszeitungen teilweise hohe Auflagen verzeichnen, können in Deutschland solche Titel keinen Fuß fassen. Die Etablierung einer Sporttageszeitung ist hier trotz zahlreicher Versuche großer sowie kleiner Verlage misslungen. Gescheitert sind beispielsweise das *Deutsche Sportecho* des Axel-Springer-Verlags, die *Sport-B. Z.* des Axel-Springer-Verlags, *Die Sportzeitung* des Deutschen Sportverlags und der *Sport-Tag* der Verlagsgesellschaft SIM. Sie alle hielten sich nur wenige Monate.

Sporttageszeitungen in Spanien, Italien oder Frankreich können sich hingegen mit hohen, jahrelang stabilen Auflagen auf dem Markt halten. In Asien – vor allem in Japan und China – erreichen Sporttageszeitungen ein Millionenpublikum. Der ausländische Erfolg ist stark mit ihrer (in Deutschland fehlenden) sehr langen Tradition, ihrer engen Verflechtung mit dem Sport, der starken Regionalisierung sowie der Unterhaltungsausrichtung verknüpft. So agieren zahlreiche Sporttageszeitungen als Organisatoren von Spitzensportereignissen, von denen sie dann wiederum selbst berichten. Dieses Muster zeigt sich besonders deutlich bei der Sporttageszeitung *L'Equipe* und der Tour de France. In Deutschland tun sich nahezu alle Printprodukte mit einer inhaltlichen Positionierung der Sportberichterstattung sehr schwer. Auch eine ganze Reihe von Sportzeitschriften mussten in den vergangenen Jahrzehnten aufgrund mangelnder Reichweite eingestellt werden. Sportzeitungen und -zeitschriften verfügen über keine ausreichende Exklusivität. Damit ist außer in dem Very-Special-Interest-Segment kaum ein Mehrwert für Leser erkennbar.

Doch warum ist dies vor allem in Deutschland der Fall? Ein wesentlicher Grund ist die besonders starke Position des frei empfangbaren Fernsehens im Sportsektor. Hierzulande ist ein sehr umfangreiches öffentlich-rechtliches Sportprogramm verankert. Eigenen Angaben zufolge hat die ARD zwischen 2013 und 2016 durchschnittlich 250 Millionen Euro pro Jahr für Sportrechte ausgegeben. Die Gesamtsumme für die Sportberichterstattung im Ersten, in den Dritten Programmen und in den Digitalkanälen lag 2014 und 2015 bei je 366 Millionen Euro. Insgesamt gibt der Senderverbund damit rund sieben Prozent seines Programmbudgets für das Thema Sport aus. Das ZDF hat in den Jahren 2013 bis 2016 durchschnittlich rund 191 Millionen Euro jährlich für Sportrechte ausgegeben. Für den Zuschauer ist somit ein umfängliches Sportprogramm allein durch das öffentlich-rechtliche Fernsehen gesichert. Nach Informationen des Deutschlandfunks gibt die ARD in der Beitragsperiode 2017 bis 2020 allein für Sportrechte 1,163 Milliarden aus. Dies ist ein Plus von 66 Millionen Euro im Vergleich zur Periode 2013 bis 2016. Von der Gebührenkommission KEF werden solche Kosten immer kritischer hinterfragt und Einsparprogramme gefordert. In vielen anderen Ländern sind solche enorm hohe Ausgaben der öffentlich-rechtlichen Anstalten nicht ansatzweise vorhanden. Hinzu kommen die zahlreichen privaten Free- und Pay-TV-Sender, die besonders Sport als Möglichkeit sehen, ein großes Publikum an sich zu binden. Über Free-TV lässt sich bereits ein großes Spektrum hochattraktiver Sportveranstaltungen verfolgen, und der Pay-TV-Sektor hält ein nahezu unerschöpfliches Angebot bereit. Da alle diese TV-Programmanbieter für ihren Zugang enorm hohe Summen bezahlen, wird ihnen nicht nur ein möglichst lukrativer, exklusiver Zugang angeboten, sondern dieser mit steigenden Rechte- und Übertragungskosten auch von den Fernsehanbietern stärker eingefordert.

Doch nicht nur die Rechtesituation sorgt für die schwierige Position der Presse. Fernsehen hat allein aufgrund seiner technisch-medialen Charakteristik einen besonderen Stellenwert bei der Produktion und Vermittlung von Unterhaltung. Kein anderes Medium kann so stark involvieren, Stimmungen transferieren und Emotionen hervorrufen. Im Fernsehen lässt sich also Sport optimal inszenieren und präsentieren – und dies in Echtzeit. Denn neben seinen Präsentationsqualitäten hat Fernsehen auch den entscheidenden Vorteil, Ereignisse live übertragen zu können. Dies sorgt für hohe Reichweiten, die wiederum eine zentrale Währung für Sportveranstalter sind. Hohe Reichweiten können auf dem Werbe-, Sponsoring-, Merchandising- und Ticketing-Markt weiter zu Geld gemacht werden.

2. *Hohe Zugangsbarrieren:* Aufgrund der inzwischen enormen Übertragungsrechtekosten haben sich – wie bereits angedeutet – nahezu zwangsläufig die Forderungen der Medienunternehmen an Sportveranstalter erhöht. Die Medienunternehmen begnügen sich nicht mehr mit der Exklusivität der Übertragung, sondern bestehen auf einem bevorzugten Informationszugang für ihre Vor- und Nachberichterstattung. So hat sich inzwischen eine klare Zugangshierarchie herausgebildet. In dieser Hierarchie stehen die TV-Anbieter, die im Besitz von Übertragungsrechten sind, an der Spitze, und Printmedien sind wiederum weit unten angesiedelt. Vielfach erhalten Zeitungen und Magazine, die eben nicht einmal Zweit- oder Drittverwerter sind, nur noch Zugang zu Alibiveranstaltungen und -aussagen. Viele Pressevertreter bekommen nicht einmal mehr Pressekarten, sondern müssen sich normale Eintrittskarten kaufen. Der langjährige Pressesprecher von Bayern München, Markus Hörwick, gab bereits vor etlichen Jahren gegenüber dem Nachrichtenmagazin *Der Spiegel* unumwunden zu, dass die verspäteten allgemeinen Pressekonferenzen nach dem Spiel »nur Alibifunktion« hätten. In der Mixed Zone, wo Sportler ihre Interviews geben, werden Print- und Online-Journalisten üblicherweise erst nach den TV-Programmanbietern bedient. Wobei dann Antworten meist ziemlich lustlos ausfallen, weil sie zuvor schon vielfach gegeben worden sind. Zweifellos entsteht nach und nach eine tiefe Kluft zwischen Fernsehen und Presse. Doch wie könnte ein Mehrwert für Printerzeugnisse geschaffen werden? Möglichkeiten werden in lokalen und regionalen Sportberichten gesehen sowie in investigativer Berichterstattung. Allerdings ist es schwer vorstellbar, dass hiermit ein Massenpublikum zu begeistern ist.

Die mittlerweile stark ausgeprägte Zugangshierarchie führt nicht nur im Printsektor zu Problemen. Die Medienrealität des Sports wird zunehmend eindimensional und zu einer spezifischen TV-Realität. Das Fernsehen zeigt oftmals nur die Sportarten, die besonders telegen sind. So wird Beach-volleyball stärker medial beachtet als Gewichtheben oder Rudern, weil es sich nach Auffassung der TV-Redaktionen bildlich besser in Szene setzen lässt. Nicht die Sportlogik, sondern die Medienlogik bestimmt die Auswahl. Verstärkt wird eine eindimensionale TV-Perspektive zudem noch dadurch, dass Printjournalisten zunehmend Sportveranstaltungen am Fernsehen verfolgen, da sie hier das Sportevent wesentlich besser und kostengünstiger beobachten können als auf dem Sportplatz. Sie erhalten ihre Informationen selbst vor Ort oftmals nur über die im Konkurrenzmedium TV ausgestrahlten Interviews.

3. *Starke Showorientierung und Banalisierung:* Bei der Aufbereitung des Sports in den Medien lässt sich eine starke Showorientierung beobachten. Die sportliche Leistung steht hierbei nicht mehr im Mittelpunkt. Vielmehr will man durch zahlreiche Showelemente möglichst viele Menschen an das Unterhaltungsprodukt Mediensport binden. Moderationen finden da schon mal auf schwimmenden Inseln und Tennisspiele auf Hubschrauber-Landeplätzen statt.

Besonders problematisch erscheint, dass auf der Seite der Medien die Sportjournalisten (vor allem TV-Moderatoren) als Vertrauen schaffende Marken stark in den Vordergrund treten. Es wird immer stärker »gemenschelt« und kritisches Nachfragen gerne vermieden. Sport- und Medienakteure begegnen einander einvernehmlich: Man tut sich nicht weh, sorgt für eine angenehme Stimmung und hebt sich gegenseitig ein wenig empor.

Eine solche Showorientierung zieht weitere erhebliche Probleme nach sich. So liegen der Berichterstattung nicht mehr sportliche Leistungen als wichtigstes journalistisches Kriterium zugrunde. Sportwissenschaftler sprechen gerne vom »Kournikova-Syndrom«. Wie bei der Tennisspielerin Anna Kournikova besonders zu beobachten war, lassen sich ausbleibende sportliche Erfolge durch Attraktivität und sexuelle Ausstrahlung bestens ersetzen. Die Erotisierung und Sexualisierung von Sport durch Bekleidungsvorschriften wie nabelfreie Leichtathletik- oder knapp geschnittene Beach-Volleyball-Bekleidung sowie durch mediale Erotisierungsstrategien wie sexualisierte Bilder sorgen für hitzige Debatten. Viele Sportakteure sehen solche Aufbereitungen in Sport und Medien als unzulässig an, andere nutzen solche Strategien sehr bewusst, um sich einen Aufmerksamkeitsvorteil zu verschaffen.

Tatsächlich zeigen zahlreiche inhaltsanalytische Studien, dass im Mediensport besonders gerne über Stars und Sternchen berichtet wird. Oder anders gesagt: Der »Promi-Faktor« zählt hier besonders viel. Doch auch wenn Show, Stars und Sternchen in der Sportberichterstattung eine besonders starke Rolle spielen, scheint es auch eine Schmerzgrenze zu geben. Allzu flapsig darf die Unterhaltungsware Mediensport dann doch nicht werden, wie eine Situation bei einer Fußballübertragung mit dem ARD-Experten Mehmet Scholl deutlich aufzeigte. Der hatte die Laufleistungen des Nationalspielers Mario Gomez so kommentiert: »Ich hatte zwischendrin Angst, dass er sich wundgelegen hat, dass man ihn wenden muss! Es war zwischenzeitlich wirklich extrem.« Dieser Kommentar löste ein enormes Echo und zahlreiche Shitstorms in den sozialen Medien aus. Dass hier Grenzen erreicht waren, zeigte sich auch in den enormen Konsequenzen, die der Spieler Mario Gomez monatelang zu tragen hatte. Auch im Unterhaltungsjournalismus kann also nicht alles erlaubt sein, müssen Akteure Verantwortung für Gesagtes übernehmen. Zumal es sich beim Sport um nonfiktionale Unterhaltung handelt, d. h. Geschehnisse und Akteure sind real.

4. *Starke Kontakt-Verrohungen, schwache Vor-Ort-Recherchen:* Besonders kritisch ist, dass direkte Kontakte zwischen Sportjournalisten und Sportlern, Funktionären oder Experten stark abnehmen. In den heutigen, für Medien wirtschaftlich

schwierigen Zeiten lässt sich im Sportjournalismus ein besonders starker Drang zur »Kaltrecherche« konstatieren. Sportredaktionen beobachten sich und ihre Stories gegenseitig und entwickeln hieraus weitere Stories. In vielen Fällen wird nicht mehr zum Telefonhörer gegriffen, geschweige denn vor Ort recherchiert. Vielmehr nutzen Journalisten die eigenen Archivbestände und greifen auf alte (»kalte«) Zitate zurück, die sie wiederum in neue Kontexte setzen. Es entstehen Beiträge, für die Sportjournalisten nicht vor Ort waren und mit keinem Akteur gesprochen haben. Trotzdem kommen darin zahlreiche Personen zu Wort. Diese Menschen haben ihre Statements allerdings zu unterschiedlichen Zeitpunkten, in anderen Kontexten sowie nicht aufeinander bezogen abgegeben. So entstehen »künstliche Zitierspiralen«.

5. *Starke wirtschaftliche Verflechtungen, schwache publizistische Vielfalt:* Wenn Sportveranstalter mehr und mehr die Signalproduktion übernehmen (siehe Kapitel 3), hat das in erster Linie produktpolitische Gründe. Der ohnehin schon attraktive »Content« kann so inhaltlich wie formal optimiert und damit noch weiter veredelt werden. Aus ökonomischer Perspektive ist es auch verständlich, dass Rechteinhaber versuchen, Konkurrenten, die keine Übertragungsrechte besitzen, von der Berichterstattung auszuschließen. Genauso haben Medienunternehmen unter Umständen daran Interesse, eigene Sportveranstaltungen auszutragen, um somit grundlegend Einfluss auf die Übertragungen zu nehmen.
Dies birgt jedoch das Risiko in sich, dass diese Strategien zu einem sterilen Kunstprodukt führen, das als Sportveranstaltung unglaubwürdig ist. Sport muss, sofern er unterhalten will, in einem gewissen Sinne glaubhaft sein. Eine allzu vordergründig ökonomische Ausrichtung des Sports und der Sportberichterstattung kann, trotz aller Faszination der riesigen Preisgelder, zu einer Desillusionierung der Zuschauer führen. Es ist ein schmaler Grat, auf dem die Akteure hier

wandeln – besonders in Europa. Während in den USA enorme
Geldsummen für (Spitzen-)Leistungen gesellschaftlich eher
geschätzt werden, bestehen in Europa tendenziell Vorbehal-
te gegenüber einer zu stark ausufernden Kommerzialisierung
des Sports. In der Regel gilt Sport (trotz aller Kommerzialisierung) doch eher als ein Kulturgut, in dem der Kommerz zumindest nicht die erste oder gar alleinige Rolle spielt. Steht
das Kommerzielle zu stark im Vordergrund, dann könnte der
Sport an Unterhaltungspotenzial einbüßen. Dies zeigt sich
beispielsweise an den immer wieder aufflammenden Protes-
ten gegen die Abschaffung der »50+1-Regelung« in der Fußball-Bundesliga. Fans fordern, dass diese Regelung, die den
gemeinnützigen Vereinen bei Ausgliederung der Proficlubs in
GmbHs oder Aktiengesellschaften die Stimmenmehrheit si-
chert, beibehalten bleibt. Sie befürchten, dass ansonsten ihre
Vereine zu wirtschaftlichen Spekulationsobjekten werden. Ein
weiteres Beispiel: Die Fan-Initiative »Pro 15:30« demonstriert
seit Jahren gegen eine (ökonomisch motivierte) terminliche
Aufsplittung der Spieltage in der Bundesliga.

Es scheint tatsächlich so etwas zu geben wie den deutschen
Sonderweg: Hierzulande weist Sport eine besonders starke
kulturelle, gemeinorientierte Verankerung auf, mit vielen Eh-
renämtern und Förderung des Breitensports.

Wie wenig Mediensport hierzulande als pures Wirtschaftsgut verstanden wird, zeigte sich auch bei der Einführung der
sogenannten Fernsehschutzlisten in Deutschland. Der Kirch-
Konzern erwarb im Jahr 1996 die Rechte an den Fußballwelt-
meisterschaften 2002 und 2006. Zwei Jahre vor der Weltmeis-
terschaft 2002, als langsam klar wurde, dass die Übertragung
wohl exklusiv im Pay-TV ausgestrahlt werden würde, formier-
te sich eine breite Protestwelle in Deutschland. Die Politik reagierte und schuf mit der 4. Novelle des Rundfunkstaatsvertrages eine Schutzlistenregelung, die am 1. April 2000 in Kraft
trat. Der neu eingefügte Paragraph § 5a enthält seitdem in Ab-
satz 2 eine Aufzählung der im frei empfangbaren Fernsehen zu

übertragenden Großereignisse. Diese Ereignisse seien von gesellschaftlich so großer Bedeutung, dass sie für alle frei verfügbar sein müssten. Seit Beginn wurden auf dieser Liste, die sich
nicht nur auf Sportereignisse bezieht, bevorzugt sportliche
Großereignisse aufgenommen; damit schrieb man Olympischen Spielen und Fußball-Großereignissen eine besonders
große gesellschaftliche Relevanz zu. Diese Festschreibung trug
nicht unwesentlich dazu bei, dass der Kirch-Konzern mit seinem Pay-TV-Sender Premiere in die Insolvenz ging und bis
heute die Fußball-Bundesligarechte eine besonders starke me-
dienökonomische Bedeutung in Deutschland haben. Sie gehören zu den wenigen Top-Sportübertragungsrechten, die nicht
auf der Fernsehschutzliste stehen. Damit sind sie aktuell für
Sky Deutschland und Eurosport besonders bedeutsam, was
natürlich auch der Deutschen Fußball Liga (DFL) bewusst ist.

Fassen wir kurz einige zentrale Konfliktpunkte des Mediensports zusammen: Es lassen sich eine starke TV-Orientierung,
ein Wertewandel von sportlicher Leistung zur Showleistung,
Banalisierungen, Kontakt-Verrohungen, starke Konzentrati-
onserscheinungen, Autonomieverluste, Einschränkungen der
publizistischen Vielfalt aufgrund starker wirtschaftlicher Verflechtungen als Gefahren erkennen.

Wenig erstaunlich ist es da, dass der Sportjournalismus
sich vor allem in Deutschland immer wieder vorwerfen lassen
muss, dass er zu emotional, zu wenig distanziert und zu wenig
kritisch sei. Sportjournalisten seien arbeitende Duzmaschi-
nen, Promoter, Schwärmer, Verniedlicher, Schönfärber. Eigentlich berichteten sie nur wie Fans, die den Sprung über die
Absperrung geschafft haben. Doch ist das wirklich so? Und
ist die daraus resultierende Forderung, dass die Sportberichterstattung über alle Bereiche hinweg kritisch, investigativ und
distanziert sein muss, gerechtfertigt? Sollte man diesen Anspruch vielleicht nicht nur auf einen bestimmten Teil des
Sportjournalismus beziehen?

Wird über Sport und Sportjournalismus gesprochen, so geschieht dies oftmals zu undifferenziert. Eine etwas genauere Betrachtung des Sports und seiner gesellschaftlichen Bezüge verdeutlicht dies. Dafür bietet sich eine Unterteilung des Sports in drei Ebenen an – nämlich in die Mikro-, die Meso- und die Makroebene. Mit Mikroebene ist das einzelne Sportereignis und damit das eigentliche Sportgeschehen gemeint. Die Mesoebene bilden die Institutionen des Sports, bspw. Clubs, Vereine, Verbände, Ligen und ihr Verhalten. Diese Institutionen und ihr Verhalten haben gesellschaftliche Relevanz, sie bilden die Grundlage des sozialen Teilbereichs Sport. Auf der Makroebene liegen der soziale Teilbereich Sport sowie andere ihn umgebende soziale Teilbereiche. Durch strukturelle Verbindungen und wechselseitige Resonanzen mit anderen Teilbereichen wie der Wirtschaft, der Politik, des Rechts oder der Wissenschaft hat der Sport Bedeutung für die Gesellschaft als sozialer Teilbereich. An diese drei unterschiedlichen Ebenen lassen sich nicht die gleichen journalistischen Maßstäbe anlegen.

Bei einer differenzierten Gesamtsicht auf den Sport zeigt sich, dass es zwei verschiedene Arten von Journalismus gibt, die sich mit dem Sport auseinandersetzen und dementsprechend mit unterschiedlichen Qualitätskriterien operieren müssen. Die erste Art des Sportjournalismus hat vorwiegend die Aufgabe, über das spezifische Spiel/den Wettkampf zu berichten (Mikroebene). Die zweite Art des Sportjournalismus hat die zentrale Aufgabe, über das soziale System Sport und seine gesellschaftlichen Bezüge zu berichten (Meso- und Makroebene). Berichterstattungen über den Sport auf der Meso- und Makroebene unterscheiden sich dabei in ihren Güte- und Qualitätskriterien nicht von anderem Nachrichten- und Informationsjournalismus bzw. investigativem Journalismus. Hier erwarten Rezipienten zu Recht Transparenz, Vielfalt, Rechtmäßigkeit, Kritik, Distanz und Objektivität bzw. Sachlichkeit. Denn der Sport ist als soziales System mit anderen

Tab. 1   Die drei Ebenen des Sportjournalismus; Ausrichtung, Qualität, Erscheinung (Quelle: eigene Darstellung)

	Berichterstattungsobjekt	Zentrale Ausrichtung	Qualitäts- und Gütekriterien	Primärer Erscheinungsort
Mikro-Ebene	Sportereignisse, Wettkampf	Unterhaltungsjournalismus	Nähe, Emotionalität, Dramatik/Spannung	Ressort Sport
Meso-Ebene	Sozialer Teilbereich Sport	Nachrichten- und Informationsjournalismus	Transparenz, Vielfalt, Rechtmäßigkeit, Kritik, Distanz, Objektivität/Sachlichkeit	Ressort Wirtschaft, Politik, Medien, Feuilleton
Makro-Ebene	Soziale Teilbereiche und ihre wechselseitige Resonanz mit dem sozialen Teilbereich Sport	Nachrichten- und Informationsjournalismus	Transparenz, Vielfalt, Rechtmäßigkeit, Kritik, Distanz, Objektivität/Sachlichkeit	Ressort Wirtschaft, Politik, Medien, Feuilleton

sozialen Systemen strukturell gekoppelt. Die Systeme durchdringen sich wechselseitig mit fremden Leistungsanforderungen. Das hat starke gesamtgesellschaftliche Bedeutung.

Bei der Beurteilung der Qualität und der Güte des Sportjournalismus ist entscheidend darauf zu achten, ob alle Ebenen des Sportjournalismus gemeinsam ein adäquates Gesamtbild ergeben.

Auch wenn viele Inhaltsanalysen zum Sportjournalismus scheinbar belegen, dass eine distanzlose, auf das Wettkampfgeschehen fokussierte Sportberichterstattung dominiert, die nur wenig Hintergründe einbezieht, so zeigt dies meist nur, dass sich die Forscher auf das Sportressort konzentrieren. Sie untersuchen lediglich, was Zeitungen oder Sender selbst unter »Sport« einordnen. Analysiert man jedoch die gesamte Zeitungsausgabe bzw. das gesamte TV-Programm, dann zeigt sich ein ganz anderes Bild.

In Tageszeitungen findet ein Viertel der gesamten Berichterstattung zum Thema Sport außerhalb des Sportteils statt, und dies gilt für die Boulevard- genauso wie für die Qualitätszeitung. Recht gleichmäßig über die verschiedenen Ressorts Politik, Wirtschaft, Feuilleton und Medien verteilt wird dort über die unterschiedlichen Aspekte des Sports berichtet. Jüngste Studien zeigen überdies, dass auch im Sportressort in Teilen durchaus kritisch-distanziert berichtet wird.

Im Fernsehen zeigt sich nahezu dasselbe Bild, wobei es eine deutlichere Unterscheidung zwischen der Aufbereitung im Sportressort und anderen Ressorts gibt. Über Doping, Korruption oder Manipulationen berichteten TV-Journalisten in den vergangenen Jahren zahlreich und durchaus umfangreich in Nachrichten- und Informationssendungen. Ein Beispiel ist die international viel beachtete TV-Dokumentationsreihe »Geheimsache Doping«, für die der Sportjournalist Hajo Seppelt im Jahr 2018 mit dem Verdienstkreuz am Bande ausgezeichnet wurde. Sie lief in der Primetime in der ARD als eigene Dokumentation. Der Film, der durch investigative Recherche einen wichtigen Beitrag zur Aufdeckung illegaler und unfairer Praktiken im Sport leistete, war nicht dem Ressort Sport zugeordnet.

Auf der Mikroebene, also der Berichterstattung über den einzelnen Wettkampf, sollten sinnvollerweise andere Güte- und Qualitätskriterien gelten: Sport ist hier Unterhaltung. Die englischen »sports« galten seit ihrer Entstehung als Entertainment, sie waren zur Unterhaltung gemacht. Emotionen und Unterhaltung sind konstitutive Elemente des Sports. Auf der Ebene des Spiels/Wettkampfes herrscht die Eigenweltlichkeit des Sports. Er unterliegt seinen eigenen Regeln, außerhalb der gesellschaftlichen Realität. Dies zeigt sich beispielsweise in der Ausübung von Gewalt. In der Realität haben wir das Gewaltmonopol an den Staat abgetreten. Im Sport können Boxer ihren Gegner in die Bewusstlosigkeit schlagen. Der Sport stellt also eine eigene, in sich geschlossene Welt dar.

Und diese eigene Welt steht, wenn überhaupt, nur in einem indirekten Bezug zur Realität.

Die Forderung nach emotional zurückhaltender und distanzierter Darstellung, nach Erzeugung von Transparenz (Aufgaben des Nachrichten- und Informationsjournalismus) greift hier also ins Leere. Kritische Berichterstattung bzw. Kommentierung dürfte bei einer Sportübertragung dann funktional sein, wenn wichtige und gesellschaftlich erwünschte Werte wie Teamgeist, Fairness, Wettkampfgeist, Durchhaltevermögen zur Disposition stehen. Stellt ein Spielzug solche Werte, wie z. B. Fairness, in Frage, ist es natürlich wünschenswert und notwendig, dass ein Kommentator darauf entsprechend eingeht. Ansonsten kann sich eine Sportübertragung auf das Event selbst zurückziehen. Während der Übertragung einer Wagner-Oper erwarten wir auch keine Kommentare zu der politischen Einstellung des Komponisten.

Es stellt sich folglich die Frage: Warum soll dann Sportjournalismus auf dieser Ebene kühle Distanz bewahren und Emotionen vermeiden? Sportjournalismus darf hier im Gegenteil entschieden emotional sein. Der Nutzer sucht ja Unterhaltung beim Sport. Dabei ist es ihm egal, als was man ihm den Sport anbietet. Wir wissen sehr wohl, dass der Zuschauer völlig autonom und unabhängig von der Absicht des Kommunikators Medieninhalte nach seinen Bedürfnissen entsprechend konsumiert. Und er konsumiert Sport vorzugsweise als Unterhaltung.

Eine kritische, etwas genauere Beobachtung der Live-Berichterstattung zeigt allerdings auch auf, dass deutsche Reporter – wie beispielsweise Tom Bartels bei der Fußballweltmeisterschaft 2018 in Russland – politisch-gesellschaftliche Hintergründe selbst in die Live-Berichterstattung einflechten. Das geschieht in kurzen Informationshäppchen, um dann schnell wieder auf das Geschehen auf dem Platz und damit in den Modus der Unterhaltung umzuschalten. Von einer absolut unkritischen Berichterstattung kann also selbst hier nicht die

Rede sein. Einige Untersuchungen bestätigen dies auch. Allerdings scheint diese partiell kritische (vielleicht sogar als etwas unentschieden zu bezeichnende) Reflexion des Geschehens eine deutsche Art der Live-Berichterstattung zu sein. In den meisten Ländern – beispielsweise bei den »Gooaal«-Arien der südamerikanischen Reporter – wäre die Thematisierung gesellschaftskritischer Aspekte wie Verflechtungen zur Drogenmafia, politische Manipulationen oder Steuerhinterziehungen kaum denkbar. Hier wird das Spiel – und werden vor allem die Tore der eigenen Mannschaft frenetisch – gefeiert.

Doch wie lässt sich dieser Unterschied erklären? Ist der ausländische Sportjournalist einfach nur unreflektierter – vielleicht sogar unprofessioneller? Es scheint bei vielen Kritikern in Deutschland tatsächlich ein tieferliegendes Problem vorzuliegen: unser Problem mit Emotionen und Unterhaltung. Mit Emotionen haben sich deutsche Denker, Philosophen und Wissenschaftler stets schwer getan. Immanuel Kant verglich das Emotionale sogar mit einer Geisteskrankheit und verachtete es auf das Entschiedenste. Bis in die neuere Zeit hat sich das erhalten. Erst vor gut 50 Jahren begann eine vermehrte Auseinandersetzung mit Emotionen. Dabei gelangte man mehr und mehr zu der Ansicht, dass ein vernunftgeleitetes, rationales Handeln gerade erst dank Gefühlen möglich ist. Ebenso schwer tun wir uns in Europa – in der Gesellschaft wie in der Wissenschaft – mit der Unterhaltung, die scheinbar auch etwas Negatives ist. Wir setzen dabei Unterhaltung mit minderwertigem Zeitvertreib, mangelndem geistigem Anspruch und Irrationalität gleich. In der Regel verstehen wir Unterhaltung als das Gegenteil von Information. Ein Unsinn, auf den die Kommunikationswissenschaftlerin Elisabeth Klaus zu Recht hingewiesen hat: »Das Gegenteil von Information ist Desinformation. Das Gegenteil von Unterhaltung ist Langeweile.« Emotionen und Unterhaltung sind von hoher Bedeutung für das Individuum wie für die Gesellschaft. Der Sport hat nämlich nicht nur, worauf die Historikerin Christiane Eisenberg verweist, durch seine Ausübung und seine Institutionalisierung stark vergesellschaftende Effekte, sondern auch durch seine Rezeption, weil er sich perfekt für alltägliche Anschlusskommunikation eignet. Über Sport kann man – selbst als Laie – jederzeit emotional, allerorts und mit jedermann reden, und der Sport produziert permanent Neuigkeiten. Besonders internationale Sport-Großereignisse eignen sich, wie wir aus der Eventtheorie wissen, durch ihre Emotionalität dazu, ein gesellschaftliches Wir-Gefühl zu produzieren. Besonders offensichtlich wird dies beim Public Viewing von Fußball-Großereignissen. Millionen Menschen strömen auf Fan-Meilen und andere öffentliche Plätze. Dabei geben viele von ihnen an, dieses Angebot zu nutzen, obwohl sie sich eigentlich nicht für Fußball interessieren. Sport ist Emotion. Diese Emotionen und somit auch ihr journalistischer Transfer sind in hohem Maße gesellschaftlich funktional.

Was heißt das nun? Wie wir gesehen haben, unterliegt Journalismus, der über Sport aus der Meso- oder Makroperspektive berichtet, den gleichen Regeln wie beispielsweise Politik- oder Wirtschaftsjournalismus. Dieser Journalismus ist ein Nachrichten- und Informationsjournalismus mit der Aufgabe, gesellschaftlich relevante Ereignisse und Zusammenhänge transparent zu machen. Er sollte distanziert, kritisch, objektiv, sachbezogen sein. Der Sportjournalismus in Deutschland ist im internationalen Vergleich dabei als besonders kritisch einzustufen. Eine andere Sichtweise ergibt sich bei der Berichterstattung über Sportevents (Mikroperspektive). Sport ist auf dieser Ebene geprägt durch eine Eigenweltlichkeit, die wenn überhaupt nur indirekte Relevanz für die Realität hat. Hier müssen andere Güte- und Qualitätskriterien greifen.

Diese Ansicht lässt sich auch medienrechtlich untermauern. Nach Paragraph § 5 des Rundfunkstaatsvertrags steht jedem in Europa zugelassenen Fernsehveranstalter zu eigenen

Sendezwecken ein Recht auf unentgeltliche Kurzberichterstattung über Veranstaltungen und Ereignisse zu. Hierdurch soll die Sicherung des nachrichtlichen Informationsinteresses der Öffentlichkeit, das Gemeinwohlgut des Informationsinteresses und der Informationsvielfalt im Vordergrund stehen. Anders ist dies bei der Schutzlistenregelung. Die Schutzliste betrifft in Deutschland die Bestimmungen des Rundfunkstaatsvertrages, dass bestimmte Großereignisse »von erheblicher gesellschaftlicher Bedeutung« nur dann im Pay-TV ausgestrahlt werden dürfen, wenn sie gleichzeitig in einem allgemein zugänglichen Programm zu sehen sind. Auf dieser Schutzliste stehen nahezu nur Sportereignisse wie die Olympischen Spiele und Fußball-Großereignisse. Hier geht es nicht mehr allein um Informationen/Berichte über herausragende Sportveranstaltungen selbst. Mit ihrer vollständigen und zeitgleichen Live-Übertragung tritt dem deutschen Rechtswissenschaftler Peter Selmer zufolge der Informationsaspekt in entscheidender Weise hinter den mit der Übertragung der Veranstaltung verbundenen Unterhaltungswert zurück.

Kritik muss hier, wie in allen Bereichen, gut bedacht und sehr sensibel bemessen sein, sonst wird Unterhaltung vernichtet und damit auch eventuell das Interesse am Sport. Auf der anderen Seite bedarf es aber unbedingt einer kritischen Beobachtung des Sports, damit er nicht sich selbst und das ihm entgegengebrachte Interesse zerstört. Keine leichte Aufgabe für den Sportjournalismus.

5. »Fußball, Fußball, Fußball«. Das schwere Los der Randsportarten

Während einige wenige Sportarten viel Resonanz in den Medien finden, wird der Großteil (wenn überhaupt) nur selten und sehr punktuell thematisiert. Das vorliegende Kapitel beleuchtet das sich dahinter verbergende Grundproblem. Wir erläutern, warum eine stärkere mediale Beachtung für Randsportarten vor allem im öffentlich-rechtlichen Rundfunk berechtigt wäre und welche Maßnahmen die Sportverbände ergreifen können, um mehr Medieninteresse zu wecken.

Die große Mehrzahl der existierenden Sportarten wird von deutschen Medien mehr oder weniger ignoriert. Sie finden nahezu unter Ausschluss der Öffentlichkeit statt. Sogar sportliche Großereignisse wie Weltmeisterschaften und Spitzenleistungen wie Weltrekorde in den sogenannten medialen Randsportarten finden nur spärlich und lediglich bei besonders günstiger Nachrichtenlage in Presse und Rundfunk ihre Berücksichtigung. Betrachten wir einleitend zwei Beispiele, die uns das große, alltägliche Dilemma zahlreicher Sportarten vor Augen führen.

Beispiel 1: Am Sonntag, den 28. August 2011, eroberte die deutsche Hockey-Nationalmannschaft der Herren vor heimischem Publikum im ausverkauften »Warsteiner HockeyPark«

© Springer Fachmedien Wiesbaden GmbH, ein Teil von Springer Nature 2020
C. Bertling und T. Schierl, *Sport und Medien*, Medienwissen kompakt,
https://doi.org/10.1007/978-3-658-29327-7_5

in Mönchengladbach nach acht Jahren den Europameister-
titel zurück. Im Finale besiegte das Team von Bundestrainer
Markus Weise in beeindruckender Art die Niederländer mit
4:2. Und dennoch herrschte beim Deutschen Hockey Bund
(DHB) an diesem Tag auch ein wenig Katerstimmung. Ja, sogar Verstimmung. Wieder einmal war die Medienbericht-
erstattung dürftig geblieben. Dabei war das Setting nahezu perfekt: ein internationales Topereignis, eine erfolgreiche
deutsche Mannschaft, der Austragungsort im eigenen Land.

Beispiel 2: Blicken wir kurz in die Routinearbeit einer Sportredaktion. Es ist 11 Uhr, und die »Große Konferenz« in einer deutschen Tageszeitung findet gerade statt. Der Chef vom
Dienst (CvD) beschließt mit allen Ressortleitern, dass dem
Sportteil in der morgigen Ausgabe drei Seiten zur Verfügung
gestellt werden. Um 11.30 Uhr beginnt die Sportredaktion in
ihrer »Kleinen Konferenz« die Themenplanung. Die ersten
beiden Seiten werden dem Fußball gewidmet. Champions
League-Spiele stehen an. Auf der dritten Seite ist als Auf-
macher Schwimmsport geplant. Ein deutscher Schwimmer
hat bei einem internationalen Wettkampf einen Weltrekord
geschafft. Der Schwimmer soll in einem Personen-Feature
vorgestellt und seine Leistung sollen gebührend eingeordnet
werden. 15 Uhr: Der CvD ruft an und teilt dem Sportressort-
leiter mit, dass eine halbe Seite gekürzt werden muss, da noch
eine Anzeige reingekommen sei, die auf der unteren Hälfte
der dritten Sportseite platziert werden soll. Die Sportredaktion entschließt sich, das große Schwimmer-Porträt zu kür-
zen, doch nicht darauf zu verzichten. 16 Uhr: Ein deutscher
Fußballnationalspieler erleidet im Training einen zweiten
Kreuzbandriss. Seine Karriere scheint beendet. Dies vermel-
den die Agenturen. Das Schwimm-Feature wird »rausgewor-
fen« und der Fußball-Nationalspieler mit einem Agenturtext
porträtiert. Der Schwimm-Weltrekord verschwindet in einer
Meldungsspalte. Er umfasst schließlich drei Zeilen.

Wie die beiden Beispiele verdeutlichen, ist die mediale Bedeutung zahlreicher Sportarten für Redaktionen sehr gering, vor
allem im Vergleich zur Fußball-Berichterstattung. Dies spie-
gelt sich bereits im Sprachgebrauch zahlreicher Sportredaktionen wider. So wird oftmals von der Fußballberichterstat-
tung gesprochen; alles andere dagegen heißt »bunter Sport«.
Der ehemalige RTL-Geschäftsführer Helmut Thoma gab in
einem Interview auf die Frage, welche vier Sportarten aus medialer Sicht die wichtigsten seien, einst die treffende Antwort:
»Fußball, Fußball, Fußball und Tennis.« Das Interview ist bereits mehrere Jahre alt, und dennoch ist die Antwort immer
noch gültig. Zumindest für den Fußball, während Position
vier austauschbar ist. Die Lage scheint sich sogar weiter zu-
zuspitzen. Während Fußball alle Rekorde bricht – sei es auf
dem Rechte-, Werbe- oder Publikumsmarkt –, haben es viele
Randsportarten immer schwerer, in den Massenmedien überhaupt noch vorzukommen. Vor allem ihre Präsenz im Fernsehen ist schwindend gering. Dabei stellt sich die Frage: Warum
wird Fußball in allen Medien, aber vor allem im wichtigen
Leitmedium Fernsehen so stark bevorzugt?
   Ein wichtiger Grund ist der schier unermessliche Unterhaltungswert des Fußballs. Medienunternehmen sind auf die
massenhafte Verbreitung ihrer Produkte angewiesen. Und
das sicherste, massenattraktivste Unterhaltungsprodukt überhaupt ist Fußball. Millionen verfolgen die Sportart und sorgen
für immer neue Zuschauerrekorde. Bei der Partie zwischen
Deutschland und Italien während der Fußballweltmeisterschaft 2006 sahen in Deutschland fast 30 Millionen Zuschauer
zu, was einem Marktanteil von über 84 Prozent entsprach und
die höchste gemessene Fernsehreichweite seit Einführung ihrer Messung 1975/76 war. Mehr als 61 Millionen Zuschauer sahen mindestens eine Live-Übertragung bei der Fußball-WM
2006. Berechnet man auch die Menschen ein, die Fernseh-
übertragungen außerhalb der eigenen Wohnung verfolgen,
steigt die Zuschauerzahl nochmals stark an. Bei WM-Spie-

len der deutschen Mannschaft haben wir es dann unter Berücksichtigung von Public Viewing mit 40 bis 45 Millionen Zuschauern pro Spiel zu tun. Und auch diese Rekorde sind schon wieder gebrochen. Doch nicht nur bei einer Heim-WM sind solche Zuschauerzahlen üblich. Laut der Zeitschrift *Media Perspektiven* sahen insgesamt 58 Millionen Zuschauer ab 3 Jahren mindestens ein Spiel der Fußball-WM 2018 in Russland im Ersten oder im ZDF im linearen Fernsehen.

Die meisten Sportarten bewegen sich bei ihren Highlights, ihren Welt- und Europameisterschaften, in anderen Sphären – nämlich unter der Eine-Million-Marke. Lediglich bei den Olympischen Spielen klettern bei einzelnen Wettkämpfen die Zuschauerzahlen darüber. Dies lässt sich anhand der regelmäßig erhobenen Daten des Forschungsdienstes von ARD/ ZDF gut ablesen.

Besonders auffallend sind Position 1 und 2. Das Rahmenprogramm mit Eröffnungs- und Schlussfeier ist publikumsattraktiver als jeder Wettkampf. Vor allem der Olympia- und Eventeffekt scheint hier zu wirken. Dennoch: Die Aufnahme bzw. der Verbleib im olympischen Sportkanon ist für viele mediale Randsportarten enorm wichtig – auch wenn die Attraktivität auf die »Rahmung« zurückgeht. Bei den Olympischen Spielen werden sie von einem Millionenpublikum für wenige Stunden etwas intensiver verfolgt. Eine erste Annäherung kann erfolgen.

Geht das Licht auf Olympias Bühne aus, bewegen sich die meisten Sportarten aber sofort wieder in einer Art Schattenwelt. Ein immer planvolleres, strategisches Medienmanagement im Fußball sorgt dafür. Der Fußball schließt Verträge mit Medienunternehmen ab, die die mediale Aufbereitung inhaltlich nicht nur immer stärker bestimmen, sondern auch zeitlich immer stärker ausdehnen. Zudem werden große Medien-Units aufgebaut, in denen mediale Produkte selbst produziert und den jeweiligen Rechteinhabern zur Verfügung gestellt werden. Allein die Deutsche Fußball Liga (DFL) hat

Tab. 2 Zuschauerresonanz einzelner Sportarten bei den Olympischen Spielen in Peking 2008 (Quelle: Media Perspektiven 10/2008)

Platz	Sender	Übertragung	Datum	Zuschauer in Mio.	Marktanteil in %
1.	ARD	Eröffnungsfeier	08.08.	7,71	52,4
2.	ZDF	Schlussfeier	24.08.	4,64	28,8
3.	ZDF	Rudern Doppelvierer	10.08.	4,33	35,1
4.	ARD	Turnen Boden-Finale	17.08.	4,33	36,6
5.	ZDF	Gewichtheben Frauen bis 53kg	10.08.	4,22	34,7
6.	ZDF	Beachvolleyball Herren Deutschland/USA	12.08.	4,21	23,7
7.	ARD	Segeln 49er Klasse	17.08.	4,17	34,8
8.	ZDF	Tennis Schüttler–Djokovic	12.08.	4,09	21,3
9.	ARD	Fußball-Damen Viertelfinale	15.08.	4,08	31,0
10.	ARD	Leichtathletik Hochsprung Damen	23.08.	4,07	35,3
11.	ARD	Hockey Herren-Finale	23.08.	4,02	30,9
12.	ZDF	Fußball-Herren Argentinien/Australien	10.08.	3,93	29,2
13.	ARD	Gewichtheben Herren über 105kg	19.08.	3,86	37,6
14.	ZDF	Reiten Vielseitigkeitsspringen Mannschaft	12.08.	3,82	27,8
15.	ARD	Turnen Barren-Finale Männer	19.08.	3,74	40,4
16.	ARD	Gewichtheben Herren bis 94kg	17.08.	3,61	31,2
17.	ARD	Reiten Dressur Einzel	19.08.	3,56	31,2
18.	ZDF	Hockey Deutschland/Neuseeland	12.08.	3,54	28,5

Hunderte Mitarbeiter, die sich täglich um die mediale Aufbereitung der Bundesliga kümmern und die redaktionelle
Selektion maßgeblich bestimmen. Da solche medialen Ein-
heiten mit Millionenetats und hohen Investitionsrisiken verbunden sind, können andere, weniger populäre Sportarten
nicht nachziehen. Sie bleiben im wahrsten Sinne auf der
Strecke.

In den vergangenen Jahren haben mediale Randsportarten
allerdings einige innovative Ansätze verfolgt, um ihre mediale Reichweite zu steigern. Ein Blick in die digitale Kommunikationsstrategie des Deutschen Olympischen Sportbundes
(DOSB) zeigt auf, dass sie es bei geschicktem PR-Storytel-
ling und gesellschaftlich virulenten Themen durchaus auch
in Nachrichtenformate wie Tageschau oder Tagesthemen
schaffen. Einige der hier abgebildeten Slogans tauchen dann
auch in Nachrichtenmagazinen auf. Allerdings scheinen solche Vorstöße nur bei Olympischen Spielen möglich. Das Auf-
merksamkeitsdefizit über das gesamte Jahr lässt sich so nicht
beheben.

Das haben einige Sportorganisationen längst erkannt. Entsprechend betreiben sie nicht nur Storytelling, sondern krei-
eren auch neue Organisations- und Eventformen. Im Jahr 2019
fanden erstmals zehn Deutsche Meisterschaften in einer Stadt
und an einem Wochenende statt. In Berlin trafen sich über
3000 Sportlerinnen und Sportler, die binnen 48 Stunden um
insgesamt knapp 200 Titel kämpften. Das knüpfte an die European Championships 2018 in Berlin und Glasgow an. Mit
innovativen Konzepten, Technologien und Kooperationen
versuchte man hier, die Attraktivität der TV-Übertragung von
medialen Randsportarten zu steigern. Sieben Sportarten bün-
delten ihre Kontinental-Meisterschaften an elf Wettkampf-
tagen.

Doch auch solche Konzepte stoßen an ihre Grenzen, vor
allem wenn es um internationale Ligen wie die Champions
League geht. Jüngst zu sehen im Volleyball: In Deutschland

Quelle: DOSB.de (2018)

lediglich eine mediale Randsportart, ist Volleyball in anderen europäischen Ländern eine Premiumsportart. Der europäische Verband sammelt von allen Teilnehmern der Champions League enorme Summen für mediale Eigenproduktionen ein. Solche Summen können sich deutsche Spitzenvereine kaum leisten. Ihre Teilnahme ist aufgrund der Medienstrategie mit qualitativ hochwertigen Eigenproduktionen auf den Markt zu gehen, stark in Gefahr. So werden Kommunikations- und Vermarktungstrategien von internationalen Dachverbänden zu einer lebensbedrohlichen Gefahr für nationale Verbände.

Bei allen noch so innovativen Maßnahmen: Für eine permanente Berichterstattung genügt dies bei vielen Sportarten und -ligen nicht. Es können immer nur vereinzelt mediale Glanzlichter gesetzt werden. Viele Sportarten haben meist lediglich die Möglichkeit, auf weniger attraktiven Sendeplätzen zu erscheinen. Im Fernsehen haben sie oftmals sogar nur eine Chance, wenn sie ihre Inhalte selbst produzieren und/oder mitfinanzieren. Während zahlreiche Kommunikations- und Medienwissenschaftler fragen, ob es hier nicht zu einer starken Einschränkung journalistischer Selektionsverfahren und einer zu starken PR-Infiltration kommt, stellen sich Sportfunktionäre aus medialen Randsportarten viel pragmatischere, nahezu überlebenswichtige Fragen: Ist das gerecht? Kann man gegen eine so starke Verdrängung medienrechtlich vorgehen? Und lässt sich diese prekäre Situation nicht doch irgendwie ändern?

Tatsächlich fühlen sich viele Sportfunktionäre in starkem Maße ungerecht behandelt. Sie monieren vor allem, dass öffentlich-rechtliche Anstalten ihren publizistischen Pflichten nicht gerecht würden. Immer wieder verweisen sie auf deren Grundversorgungsauftrag. Dieser klassische Programmauftrag nach Vorgaben des Bundesverfassungsgerichtes umfasst vier Bereiche: 1. Bildung, 2. Information, 3. Unterhaltung, 4. Kultur. Ordnet man die Sportberichterstattung dem Bereich der Kultur zu, müssen die öffentlich-rechtlichen Anstalten nach Auffassung des Bundesverfassungsgerichtes (und vieler Sportfunktionäre) das sogenannte Relevanzprinzip zurückdrängen und das Repräsentanzprinzip berücksichtigen. Das Relevanzprinzip besteht in der Forderung, das Programm im Wesentlichen nach den Präferenzen der Zuschauer zu gestalten. Das Repräsentanzprinzip dagegen soll sicherstellen, dass das Programm in stärkerem Maße die Interessen und Meinungen von Minderheiten berücksichtigt.

Was heißt das nun für den Mediensport? Aus dem Repräsentanzprinzip leiten viele Sportfunktionäre ab, dass die gesamte Bandbreite des Sports zu berücksichtigen ist, einschließlich der gesellschaftlichen Implikationen und Bedeutungen des Sports. Diese Argumentation scheint vor allem beim Behindertensport zu greifen, da hier die gegebene gesellschaftliche Bedeutung eine besondere Rolle spielt. Entsprechend versuchen die Funktionäre, juristisch vorzugehen und mediale Präsenz – zumindest bei den öffentlich-rechtlichen Sendern – einzuklagen.

Zahlreiche Aspekte sprechen jedoch gegen diese Argumentation. Tatsächlich berichten die öffentlich-rechtlichen Anstalten sehr facettenreich über zahlreiche Sportarten. Allerdings nicht zur Primetime und auch nicht in den Vollprogrammen, also in den Zeiten und Sendefenstern, in denen besonders viele Menschen zusehen. Vielmehr verlagert sich die Berichterstattung stärker auf regionale TV-Sender und in den Vollprogrammen stärker in die Morgen- und Mittagszeit.

Von einer kulturellen Ausblendung lässt sich dennoch nicht
sprechen.

Zu beachten ist auch, dass im deutschen Fernsehen eine
redaktionelle Programmautonomie herrscht. Aus Artikel 5
Abs. 1 des Grundgesetzes lassen sich keine Ansprüche herlei-
ten, bestimmte Sportwettbewerbe auszustrahlen. Der öffentlich-rechtliche Rundfunk kann selbst befinden, in welcher
Intensität, in welcher Auswahl und in welcher Präsentationsform er seine Aufgabe zur umfassenden Sportberichterstattung erfüllt. Rundfunk ist staatsfern organisiert und kann
nicht in einzelnen Programmelementen kontrolliert werden.
Es bleibt somit stets ein hoher Ermessensspielraum.

In der hitzig geführten Diskussion bleibt oft auch un-
erwähnt, dass die Sportarten indirekt eine finanzielle Förderung erfahren. Die öffentlich-rechtlichen Sender haben
beispielsweise mit dem TV-32er-Vertrag die Übertragungsrechte von 32 Sportarten eingekauft. Entsprechend kommt es
zu einem Erlösmodell, das vielen Sportarten finanziell hilft.
Der Rahmenvertrag lässt allerdings die Auswahl der zu übertragenden Veranstaltungen sowie den Umfang und die Art
der Berichterstattung offen. Es besteht somit auch vertraglich
(wenn nicht explizit festgeschrieben) keine Sendeverpflich-
tung.

Selbst wenn die Sportfunktionäre eine Berichterstattung
durchsetzen könnten, wäre das zentrale Problem nicht gelöst:
die mangelnde Nachfrage. Die Mehrzahl der Sportarten wird
von den Zuschauern als mediales Produkt nicht massenhaft
angenommen. Eine Alternative zum rechtlichen Weg könnte
somit ein Marketingansatz darstellen, der stärker dem oben
erwähnten Relevanzprinzip folgt. Die Frage der Gerechtigkeit
rückt in den Hintergrund und die Frage nach Zuschauerprä-
ferenzen in den Vordergrund.

In Bezug auf mediale Präsenz kann man dann von Ni-
schen-, Schwellen- und Premiumsportarten sprechen. Die
verschiedenen Typen weisen unterschiedliche Bestände an

Wissens- und Sozialstrukturen auf. Namen und Gesichter von Aktiven der Nischensportarten sind der breiten Bevölkerung unbekannt, die Regeln bei Wettkämpfen ebenso, und es finden kaum Gespräche über diese Sportarten statt. Das Interesse der Massenmedien ist entsprechend gering. Sie müssten selbst erst Wissens- und Sozialstrukturen aufbauen, um profitieren zu können. Da das Medienpublikum verschiedene Bedürfnisse hat, wenn es Sport konsumiert, bieten sich nach Meinung von Medienökonom Horst Schellhaaß für die jeweiligen Sportarten verschiedene Möglichkeiten an. Zahlreiche Sportarten könnten beispielsweise versuchen, das Bedürfnis des Konsumenten nach Entspannung anzusprechen. Das Entspannungsmotiv setzt kein sportspezifisches Wissen des Zuschauers voraus. Es können visuelle Ästhetisierungsstrategien verfolgt werden. Kreative, künstlerische Sportarten wie Eiskunstlaufen bieten sich hier besonders an. Eine andere Möglichkeit ist die Ansprache der Bedürfnisse nach Spannung oder Identifikation. Diesen Bedürfnissen zu entsprechen ist jedoch ungemein schwieriger, da Zuschauer hierfür viel mehr Wissen und Erfahrung über die Sportart und -akteure benötigen. Eine Partie in der Handball-Bundesliga ist beispielsweise nur dann besonders spannend, wenn man etwas über Rivalität, Tradition, Saisonverlauf, Bedeutung des Spiels weiß. Ein solches Basiswissen ist wichtig, um nicht nur sporadisch bzw. flüchtig wahrgenommen zu werden. Es erhöht nicht nur das emotionale Involvement, sondern es erleichtert auch den fachlichen Austausch über Sport mit Mitmenschen. Bei einer Fußballweltmeisterschaft kann sich jeder sicher sein, dass über Spiele, Stars, Siege und Niederlagen in Kneipen, an Arbeitsplätzen, in Straßenbahnen geredet wird.

Bei Schwellensportarten ist der Bekanntheitsgrad einzelner Personen gegeben, und damit sind auch erste Gesprächsthemen vorhanden. Rudimentäre Regelkenntnis lässt eine Einschätzung zu, und es entwickelt sich nicht nur in der Bevölkerung immer wieder sporadisches Interesse, sondern auch bei den Medien. Sie sind nun in der Lage dieses Grundinteresse durch zahlreiche mediale Inszenierungen auszubauen. Premiumsportarten verfügen über zahlreiche bekannte (prominente) Vertreter, die immer wieder in der Gesellschaft Gesprächsstoff sind. Die Regeln sind bekannt, und das eigentliche Geschehen kann gut eingeordnet werden. Medien haben ein großes Interesse, da sie nicht nur inszenieren müssen; sie können auch aufgrund eines hohen Grundinteresses »nur« berichten.

Doch wie kann eine Nischensportart zu einer Schwellensportart werden? Und welche Möglichkeiten ergeben sich für eine Schwellensportart, zu einer Premiumsportart zu werden? Allgemein formuliert: Eine Nischensportart schafft den Übergang, wenn sie es vermag, interessanter zu sein als eine Alternativsendung. Einer Schwellensportart gelingt es, Premiumsportart zu werden, wenn über sie auch abseits von Großereignissen und Ligaspielbetrieb hinaus regelmäßig berichtet wird. Und hier liegt das große Problem. Für Nischen-

Tab. 3 Kategorisierung von Sportarten nach Aufmerksamkeit in Gesellschaft und Medien (Quelle: eigene Darstellung)

Sportart	Nischensportart	Schwellensportart	Premiumsportart
Gesellschaft	• kaum bekannte Vertreter • kaum Gespräche • kaum Regelkenntnisse	• einige bekannte Vertreter • temporäres Gesprächsthema • rudimentäre Regelkenntnisse	• viele bekannte (prominente) Vertreter • zeitlich-thematisch überdauerndes Thema • gute Regelkenntnisse
Massenmedien	• kaum massenmediales Interesse • geringe Inszenierungsmöglichkeiten (eher zufällig)	• sporadisches massenmediales Interesse • mittlere Inszenierungsmöglichkeiten (eher spontan)	• hohes, kontinuierliches massenmediales Interesse • hohe Inszenierungs- und Berichterstattungsmöglichkeiten (eher planmäßig)

und Schwellensportarten sind die ersten Hürden besonders hoch. Wieso das? Stellen wir uns eine Person abends vor dem Fernseher vor. Diese Person ist unentschlossen, was sie sich ansehen möchte. In die engere Auswahl kommen ein Hollywood-Blockbuster und ein Eishockeyspiel. Die Regeln dieser Sportart kennt unsere Person nicht. Um in den Genuss von Unterhaltung zu kommen, müsste sie bei einer Eishockey-Live-Übertragung die Regeln im Vorhinein lernen. Doch wer würde dies tun? Die »Opportunitätskosten« sind zu hoch. Unser Zuschauer wird sich also höchstwahrscheinlich für den Blockbuster entscheiden.

Nehmen wir an, unsere Person würde die Regeln des Eishockeyspiels kennen und auch einige Spieler, dann allerdings kann sie sich durchaus für die Sportübertragung entscheiden. Entscheiden sich die Zuschauer für eine populäre Premiumsportart, sind ihnen auch noch Zusatznutzen sicher: anschließende Diskussionsrunden, Gespräche mit Freunden und Kollegen. Um Premiumsportart zu werden, müssen Schwellensportarten somit durch den Aufbau von Stars und andere Attraktionen über das sportliche Geschehen hinaus zum Gesprächsthema werden.

Es bleibt festzuhalten, dass Nischen- und Schwellensportarten in der Regel kaum nachgefragt werden, wenig für Anschlusskommunikation in der Gesellschaft sorgen und (sporadische) internationale Erfolge sowie höhere Reichweiten bei Top-Ereignissen nicht helfen, dies grundsätzlich zu ändern. Nischen- und Schwellensportarten sitzen in einer Aufmerksamkeits- und Interessenfalle: Einerseits müssen sie Konsumnutzen und Netzwerkeffekte aufbauen. Andererseits sind sie für die Medien nur dann interessant, wenn sie bereits über Konsumnutzen und Netzwerkeffekte verfügen. Rechtliche Möglichkeiten, eine Medienpräsenz einzuklagen, sind so gut wie aussichtslos und auch nicht besonders zielführend. Denn dies beträfe lediglich einen Teil des Mediensystems und würde nicht für den notwendigen Anstieg der Nachfrage sorgen.

Einige Sportarten haben sich mit innovativen Konzepten, kleineren Ideen und viel Arbeit in den vergangenen Jahren zumindest in Teilen aus dieser Falle befreit. Diese Sportarten passen sich den Bedingungen der Medien, insbesondere des Fernsehens an (man spricht in diesem Zusammenhang auch von einer Medialisierung des Sports), um durch stärkere öffentliche Wahrnehmung die Leistungsbezüge aus Wirtschaft und Politik zu steigern und weiterhin für die Olympischen Spiele interessant zu bleiben. Schließlich sind auch die Olympischen Spiele auf massenattraktive Sportinhalte angewiesen, um ihre Akzeptanz zu erhalten, die nicht mehr selbstverständlich ist. Olympische Spiele fanden in jüngster Vergangenheit teilweise nur noch äußerst mühsam Ausrichterstädte. Bürger stimmten gegen mögliche Bewerbungen. Die Jugend schien sich immer mehr abzuwenden. Zu langweilig erschienen viele altehrwürdige Sportarten. Durch die Aufnahme von neuen Disziplinen, die bereits besonders populär und massenattraktiv sind, verspricht sich die olympische Bewegung eine Image- und Marktaufbesserung. Es ist wohl nicht zu weit hergeholt, zu behaupten, dass Entscheidungen nicht nur nach sportlichen Aspekten fallen, wenn es um die Aufnahme von Sportarten in den olympischen Kanon bzw. den Ausschluss von Sportarten geht.

Die Medialisierung hat den gesamten Sport zweifelsohne sehr stark verändert. Regeländerungen und Zeitpläne werden nicht mehr vorwiegend nach den Bedürfnissen der Sportwelt, sondern vermehrt nach denen der Medien- und Wirtschaftswelt festgelegt. Zahlreiche Konflikte sind hier programmiert. Dies zeigt sich beispielsweise, wenn Wettkämpfe nach den Wünschen der Medien und ihrer Prime Times zu Zeiten stattfinden, die Sportler als nicht optimal ansehen. Zahlreiche Aktive leiden mittlerweile auch unter den starken psychologischen und physiologischen Belastungen aufgrund eines immer stärker aufgeblähten Wettkampfplans. Sie müssen vermehrt in verschiedenen Ländern und Zeitzonen antreten. Verbände erhoffen sich durch solche Wettkampfkalender indessen eine stärkere Thematisierung in den Medien und damit ein Ankurbeln des Wirtschaftsmarktes.

In den vergangenen zwei Jahrzehnten haben sich vor allem Biathlon und der Moderne Fünfkampf stark der Logik der Medien und den unterschiedlichen Interessen angepasst. Im Biathlon wurden 1998 die neuen Formate »Verfolgung« und »Massenstart« eingeführt, 2006 kamen »Gemischte Staffel« und »Super Sprint« hinzu. Zudem kam es auch zu Verkürzungen der Distanzen, zu engerer Abstimmung der Planung mit Fernsehsendern und anderen Wintersportarten sowie Optimierungen der Sportstätten und Abläufe für Medienvertreter. Im modernen Fünfkampf wurden bereits in den 1990er Jahren neue Wettkämpfe implementiert und die Disziplinen auf einen Tag zusammengelegt. 2010 kam es zur Einführung von Laser-Technologie im Schießen und 2013 zu einem beschleunigten Modus im Fechten. Tatsächlich konnten die beiden Sportarten nach einer Untersuchung der Medienwissenschaftlerin Stephanie Heinecke ihre Medienpräsenz in den vergangenen Jahrzehnten steigern, wenn auch auf einem durchaus überschaubaren Niveau. Sportarten mit niedrigen Medialisierungsgrad – wie zum Beispiel Dressurreiten – büßten im selben Zeitraum stark an medialer Präsenz ein.

Jüngste Versuche sind Zusammenschlüsse von digitalen Kommunikationsplattformen wie »Sportdeutschland.tv«. Außerdem werden zahlreiche Wettbewerbe zusammengeschlossen. Ein Beispiel sind hier die bereits erwähnten European Championships. Inwiefern diese Maßnahmen Erfolg haben, bleibt abzuwarten. Schlussfolgern lässt sich jedoch, dass eine Anpassung an die mediale Logik sowie die Zugehörigkeit zum olympischen Sportartenkanon zentrale Bedeutung für die mediale Wahrnehmung von Sportarten hat. Die Anpassung an die Medien wird dabei von zahlreichen Sportverbänden und Sportarten noch stark unterschätzt. Nach Auffassung von Heinecke haben sich unter den Sportarten drei Gruppen herausgebildet: die Verfolger, die Spezialisten und Verteidiger. Verfolger wie Biathlon oder Badminton weisen eine hohe bis mittlere Anpassungsbereitschaft auf sowie unterschiedliche TV-Präsenz. Die Spezialisten wie Dressurreiten nehmen wenige Eingriffe im Sport vor, und ihre TV-Aufbereitung ist wenig massentauglich. Die Verteidiger wie Fußball planen wenige Eingriffe im Sport, jedoch stimmen sie sich intensiv mit dem Fernsehsektor ab. Man könnte noch die Gruppe der Verweigerer hinzufügen: Sie haben die Anpassung an die Medienlogik noch nicht konsequent betrieben bzw. in ihre Kommunikationsstrategie integriert.

Sportverbänden und Sportarten steht aber nicht nur der »Schulterschluss« mit journalistischen Redaktionen zur Verfügung; sie können auch ihre eigenen Kommunikationswelten aufbauen. Sie können soziale Medien nutzen, um sich besser zu vermarkten. Welche Möglichkeiten in der digitalen Welt entstanden sind, ist Thema des nächsten Kapitels.

6. Zwischen Amazon Prime und YouTube

Ein großer Wandel ist im Sportjournalismus in den nächsten Jahren nicht nur zu erwarten. Er hat längst begonnen. Klassische Sportjournalisten sehen sich einer immer größeren Konkurrenz ausgesetzt: a.) Sportler, Vereine und Verbände bauen ihre eigenen Kommunikationsabteilungen immer weiter aus, b.) private Unternehmen sichern sich zunehmend zentrale Sportrechte und c.) bauen dabei mit neuen Technologien wie Streaming-Diensten und Künstlicher Intelligenz (KI) eigene Medienunternehmen auf. Inwieweit der Sportjournalismus sich diesen neuen Bedingungen und der Konkurrenzsituation anpassen und neu erfinden kann, ist die spannende Frage. Hier ergeben sich wichtige ethische Fragen im Bereich Mensch-Maschinen-Kommunikation sowie tiefgreifende Veränderungen im Redaktionsgefüge.

Es ist schon erstaunlich wie stark sich die Grundbedingungen in Sportredaktionen in den vergangenen Jahren verändert haben. Früher war man unbestrittener Informationssammler und Informationsgeber. Eine Redaktion trug aus der Welt des Sports die wichtigsten Informationen zusammen und entschied darüber, welche Informationen man wie an das Publikum weitergab. Man hatte dabei fast ein Berichterstattungsmonopol inne. Die Welt des Sports hatte nicht annähernd dieselben Kommunikationsmöglichkeiten, und auch die sozialen Medien mit ihren zahlreichen Startup-Unternehmen waren lange Zeit nicht in der Lage, ein ähnlich großes Millionenpublikum mit Sportinhalten anzusprechen. Doch aus heutiger Sicht sind dies längst vergangene Zeiten. Die Kommunikationswelt hat sich radikal verändert. Die Sportwelt und die mediale Konkurrenz haben aufgerüstet.

Viele kommunikative »Schwergewichte« sind in den vergangenen Jahren aufgebaut worden. Immer mehr Sportler, Vereine und Verbände entdeck(t)en ihre neuen Möglichkeiten im Zeitalter der digitalen Kommunikation. Einzelne Sportstars erzielen seit Jahren größere Reichweiten auf ihren digitalen Kommunikationsplattformen als die populärsten Sportprogramme im deutschen Fernsehen. Im Jahr 2018 kam der ehemalige deutsche Fußball-Nationalspieler Mesut Özil auf über 31 Millionen Facebook-Follower. Solche Zahlen relativieren selbst die vier bis sechs Millionen Zuschauer der samstäglichen Sportschau ein wenig – ein Format, das gerne aufgrund seiner hohen Einschaltquoten als ARD-Flaggschiff bezeichnet wird.

Da scheint es nur folgerichtig zu sein, dass prominente Sportler wichtige Nachrichten wie Vereinswechsel auf ihren eigenen Plattformen verkünden und nicht erst den Sportredaktionen zuspielen. Hierdurch können sie nicht nur ihre Motive und Hintergründe erklären, sondern wichtige Kontakte für ihre Sponsoren sammeln. Besonders konsequent wird diese Vermarktungsidee seit dem Jahr 2018 auf der Online-Plattform Otro verfolgt. Hier präsentieren sich Fußball-Superstars wie Lionel Messi, Neymar und Jérôme Boateng. Die App zielt darauf ab, einen globalen digitalen Fanclub zu schaffen. Das Abonnementmodell wird gerne mit dem Musikstreaming-Geschäft Spotify oder dem Streaming-Dienst Netflix verglichen. Otro handelt dabei mit Live-Interviews, Originaldokumentationen und Filmen.

Diese zunehmende Selbstdarstellung von Sportstars sorgte in den vergangenen Jahren in einigen Sportredaktionen und -nachrichtenagenturen für skurrile Maßnahmen der Informationsbeschaffung. Hier schauen Redakteure auf die Internet-seiten prominenter Sportler und versuchen vor den jeweiligen Anhängern die Nachricht auf den Social-Media-Kanälen der Sportler zu erfahren und nochmals aufzubereiten. Exklusivität bedeutet mittlerweile im Nachrichtengeschäft oftmals, eben nur noch erster Zweitverwerter zu sein. Solche Recherchepraktiken sind natürlich brandgefährlich, wie das Beispiel Natascha Keller und der Twitter-Eklat zeigt. Kurz vor Eröffnung der Olympischen Spiele in London 2012 sah sich die Hockey-Nationalspielerin und Fahnenträgerin des deutschen Olympiateams mit dem Vorwurf konfrontiert, dass sie eine üble Rassistin sei. Ein Tweet über angebliche Aussagen Natascha Kellers geisterte in der Berichterstattung zahlreicher Massenmedien umher. Der Wortlaut: »Das Olympia-Dorf ist nun voller barfüßiger griechischer Sportler. Sobald wir sie sehen, stellen wir uns blöd, weil wir Angst davor haben, dass sie uns um Kredit bitten.« Es handelte sich dabei jedoch nicht um eine Aussage Kellers, sondern um den Fake-Tweet eines griechischen Sportjournalisten. Als dies bekannt wurde, hatten zahlreiche Sportredaktionen den Tweet-Inhalt bereits in ihre Berichterstattung übernommen.

Doch nicht nur Sportler, sondern auch Clubs und Verbände treiben ihre eigenen Kommunikationsplattformen und -kanäle immer stärker voran. Es gibt sogar schon Pressekonferenzen für das eigene Vereins-TV. Bei manchen Vereinen werden erst nach der vereinsinternen Pressekonferenz externe Sportjournalisten mit Statements bedient. Oftmals sogar nur äußerst widerwillig, da die Fragen weniger stromlinienförmig sind und man am liebsten die Journalisten auf die Vereinsplattformen verweist. Der Vorschlag der Club-Funktionäre: Die Sportjournalisten könnten ja die Statements der vereinsinternen Pressekonferenz als Zweitverwerter verwenden. Eigene Fragen seien nicht notwendig, wenn doch schon genug Antworten zur Weiterverwertung vorlägen.

Mittlerweile prallen tatsächlich Welten aufeinander, die

sich nicht mal mehr im Grundsatz verstehen: die Club-PR und die Sportjournalisten. Besonders deutlich wurde dies bei der denkwürdigen Pressekonferenz im Jahr 2018, als die Bayern-Bosse zu einem Rundumschlag gegen kritische Journalisten ausholten. In einer Wagenburg-Mentalität wurden hier kritische Fragen zur Verfassung des Kaders von Bayern München als unverschämt und unangemessen angesehen. Wie auch immer man inhaltlich zu den journalistischen Einschätzungen stehen mag, auffallend war doch ein kaum noch vorhandenes Verständnis für journalistische Berichterstattung beim Bundesliga-Primus. Journalistische Werte und unternehmerische Ziele wurden in starkem Maße vermischt. Die Äußerungen der Club-Verantwortlichen glichen einer Groteske. So ließ Präsident Uli Hoeneß verlautbaren: »Wir werden keine respektlose Berichterstattung weiterhin akzeptieren.« Der Verein kündigte an, vermehrt mit Unterlassungserklärungen und Forderungen nach Gegendarstellung auf Berichte reagieren zu wollen. Rummenigge verwies sogar auf Artikel 1 des Grundgesetzes: »Die Würde des Menschen ist unantastbar.« Grund des Ärgernisses? Doping-Vorwürfe, Manipulationsverdacht? Mitnichten. Die Spieler Manuel Neuer sowie dessen Weltmeister-Kollegen Jérôme Boateng und Mats Hummels waren von einigen Journalisten aufgrund ihrer damaligen Leistungen des Altherrenfußballs bezichtigt worden.

Wie stark Verbände und Ligen inzwischen journalistische Berichterstattung lenken, kann man auch mit der steigenden Anzahl an Monitoren auf Pressetribünen verfolgen. Einige Verbände haben inzwischen Informationsdienste mit großen Daten- und Bildarchiven um ihre Top-Events aufgebaut. Hatte ein Sportjournalist noch vor einigen Jahren selbst Fouls, Strafzeiten, Torchancen, Wechselzeiten mit Blatt und Stift notiert, werden diese Daten nun größtenteils von Verbandsseite angeboten. Und zwar in Echtzeit auf Monitore und Apps im Stadion. Hierdurch sammeln die Veranstalter nicht nur wichtige Daten für weitere Zwecke, sondern schaffen ein einheitliches Datenbild. Vor diesen digitalen Zeiten waren sich Journalisten oftmals nicht so ganz einig darüber, wann Rote Karten gezeigt wurden oder wann genau ein Tor fiel. Heute gibt dies datentechnisch der Veranstalter einfach vor und sorgt damit für ein einheitliches Medienecho. Diese Informationen laufen nicht selten auf einem Extra-Bildschirm neben dem Live-Bild, das natürlich auch von den Veranstaltern in der Produktion weitestgehend übernommen wird.

Durch die Produktion des Live-Bildes und die Datenaufbereitung können zunehmend eigene Kommunikationskanäle aufgebaut werden. Zahlreiche Veranstalter wie das Internationale Olympische Komitee (IOC) oder der Deutsche Olympische Sportbund (DOSB) haben eigene digitale Live-Stream-Plattformen ins Leben gerufen, die mit den digital erhobenen Informationen gefüttert werden. Um den Wert dieser Daten und Bilder zu steigern, ist es Sportredaktionen verboten, auf (ihre teilweise eigenen) Archivbilder und Daten zurückzugreifen. Die Verbände verwenden diese Bilder und Daten entweder selbst oder verkaufen sie an ihre exklusiven Medienpartner. Was heißt das in der Praxis? Möchte eine Sportredaktion, die keinen TV-Vertrag hat, beispielsweise die Bilder vom Olympiasieg Fabian Hambüchens zeigen, dürfen sie dies entweder nicht oder müssen diese Bilder sehr teuer einkaufen. Viele Sportredaktionen weichen entsprechend in der Olympia-Berichterstattung auf Talkrunden in epischer Länge aus. Statt »Einspieler« zu zeigen, sprechen Experten über Geschehenes.

Dass die Sportwelt sich zunehmend kommunikationspolitisch aufstellt, ist jedoch nur eine von zwei Seiten, die den Sportjournalismus vor große Herausforderungen stellen. Digitalisierung und Globalisierung haben auch zu einem zunehmend härteren Konkurrenzkampf auf dem Sportmedien-Sektor geführt. Immer mehr Medien mischen mit, und viele neue Medientypen sind in der Sportmedien-Generation XXL entstanden. Zahlreiche Unternehmen versuchen, sich mit ausgefeilten Strategien exklusive Inhalte zu sichern. In diesem wachsenden, zunehmend strategisch agierenden Medienmarkt lassen sich in den vergangenen Jahren vor allem sogenannte Integrationsstrategien beobachten. Das heißt, Medienunternehmen kaufen beispielsweise Sportclubs und Stadien auf. So erwarb News Corporation Anteile an dem Basketballteam L. A. Lakers, dem Eishockeyteam L. A. Kings und am Stadion Staple Center in Los Angeles. Time Warner kaufte sich bei dem Baseballteam Atlanta Braves sowie dem Eishockeyteam Atlanta Thrashers und dem Basketballteam Atlanta Hawks ein. British Sky Broadcasting (BSkyB) gründete im Jahr 2009 mit Team Sky sein eigenes Radteam. Die Unternehmen erhoffen sich dabei möglichst starke Einflussmöglichkeiten auf das Team und Exklusivität von Medieninhalten. Kein Wunder, dass höchst exklusive Bilder von Team Sky aus Trainingslagern, Teamwagen und bei den Stars zuhause auf BSkyB – und nur da – zu sehen waren. Von Spritzen, Pillen und Ampullen war hingegen nicht ansatzweise die Rede.

Eine andere häufig verfolgte strategische Ausrichtung von Medienunternehmen beruht auf sogenannten Netzwerkstrategien. Hier werden Unternehmensgruppen gebildet, die kooperativ an einem Wertschöpfungsprozess arbeiten. Ein besonderes Beispiel ist das asiatische Sport-TV-Netzwerk »Espn Star Sports«. Diese transnationale TV-Senderkette hat eine außergewöhnliche Marktmacht aufgebaut. Das Unternehmen erreichte in wenigen Jahren in Asien eine Reichweite im dreistelligen Millionenbereich. Es strahlte schnell Inhalte über 17 TV-Sender in 24 Ländern aus, u. a. in Indien, Hongkong, Malaysia, Taiwan und China. Die Strategie der im Jahr 1994 gegründeten TV-Senderkette ist insofern besonders, als die Haupteigentümer Walt Disney und News Corporation nicht nur zu den weltgrößten Medienunternehmen zählen, sondern sich auf dem US-Medienmarkt sehr stark voneinander abgrenzen und um zahlreiche Sportrechte wetteifern. Kritischer Sportjournalismus spielt hier keine Rolle. Vielmehr sollen die eingekauften Sport-Live-Rechte auf einem weiteren, möglichst großen Absatzmarkt untergebracht werden.

Im Internetsektor zeigen sich zunehmend ähnliche Mega-Allianzen. Amazon Prime ging beispielsweise jüngst mit Eurosport Kooperationen ein, um sich mit exklusivem Content weitere Prime-Kunden zu verschaffen. Facebook bietet nationalen Verbänden wie der National Football League (NFL) und der Major Soccer League (MSL) mit Facebook-Seiten die Möglichkeit, Content auf ihren digitalen Plattformen zu verbreiten. So teilen wenige Anbieter den Markt global auf und benötigen dabei keine journalistische, sondern lediglich medienbezogene Expertise.

Sogar sport- und medienfremde Unternehmen haben sich in jüngster Zeit auf diesem Markt positioniert und neue strategische Ansätze geliefert. Zwei innovative Ansätze werbetreibender Unternehmen verdeutlichen dies. Die Deutsche Kreditbank AG (DKB) erwarb die Rechte für die Live-Übertragung von Spielen der Handballweltmeisterschaft 2017 und bot diese in Form eines eigenen Live-Streams auf ihrer Homepage an. Das Unternehmen war zu diesem Zeitpunkt bereits seit einigen Jahren als Namensgeber der nationalen Handballliga sowie als Partner des Deutschen Handballbunds und einiger Top-Clubs aktiv. Neue Vermarktungsstrategien lassen sich auch beim Fußball beobachten. Der belgische Zweitligist A.F.C. Tubize ist seit 2014 im Besitz des südkoreanischen Geschäftsmanns Shim Chan-Koo, Eigentümer der Sportmarketing-Firma Sportizen. Shim will jungen asiatischen Spielern die Möglichkeit geben, im europäischen Profifußball Fuß zu fassen. Dazu wurde eigens eine TV-Serie in Südkorea produziert, die den Werdegang der asiatischen Talente beim belgischen Zweitligisten begleitet. Millionen Südkoreaner verfolgen die TV-Serie regelmäßig.

All dies empfinden viele Sportjournalisten als eine höchst negative Entwicklung. Sie sind empört, auf die hinteren Tribünen, die schlechten Plätze verbannt worden zu sein. Überreaktionen und Attacken aus dem Hinterhalt bleiben da nicht aus. Hämisch, spöttisch, rechthaberisch berichten sie von Verfehlungen der Sportfunktionäre und -verbände – und verletzen damit oftmals auch journalistische Grundsätze. Rache statt Neutralität scheint nicht selten das Motiv. Dabei ist das Ende noch nicht mal in Sicht: Es ist zu erwarten, dass Sportjournalisten noch stärker ins Abseits rutschen. Die größten Veränderungen für die Sportredaktionen – vielleicht sogar die größten Gefahren für den kritischen Journalismus – sind in den nächsten Jahren nämlich aufgrund der verstärken Aktivitäten von global agierenden New-Media-Playern zu erwarten.

Live-Streaming-Formate werden bei Facebook, YouTube & Co. momentan unter Hochdruck optimiert und ausgeweitet. Auf dem Sportmedien-Sektor haben sie sich dabei schon lange eingekauft und zahlreiche Testphasen durchlaufen. Twitter hat beispielsweise in den vergangenen Jahren »24/7 Sports Network« aufgebaut. Diese eigene Multimedia-Plattform, das sogenannte WatchStadium, zeigt exklusive Live-Spiele, Highlight-Berichte und täglich Studioproduktionen. In den letzten Jahren entwickelte Twitter zahlreiche multimediale Second-Screen-Produkte, die im Umfeld von Live-Produkten als »SMS of Live- & Near-Live-Reporting« eingesetzt werden. Auch auf dem Sport-Übertragungsrechtemarkt ist Twitter zunehmend aktiv. Bereits 2016 streamte der Kurznachrichtendienst NFL-Spiele. Seit 2018 ist er Inhaber der Streaming-Rechte bei der Major Soccer League. Facebook hat in den vergangenen Jahren auf dem Sportrechtemarkt eine ganze Reihe exklusiver Rechte eingekauft. Im Jahr 2017 sicherte sich Facebook beispielsweise zahlreiche Live-Spiele der MLS und der Major League Baseball sowie Near-Live-Inhalte der National Football League. Darüber hinaus existieren Verträge mit Medienunternehmen und Sportlern, die Livestreaming bei Facebook nutzen möchten. Die Inhalte werden mit eigenen Kommentatoren und interaktiven Grafiken veredelt. Facebook nutzt seine Videoplattform »Watch« dabei immer stärker zur exklusiven Übertragung von Sport-Events auf dem Weltmarkt. Da die New-Media-Player zunehmend exklusive Live-Sportübertragungen benötigen, ist es durchaus denkbar, dass viele Inhalte nicht mehr über klassische Sportformate ausgestrahlt werden.

Hierzu passt auch, dass momentan in Silicon Valley eifrig daran gearbeitet wird, Sportprodukte für das neue Medienzeitalter zu trimmen. Es wird daran gearbeitet Cloud-Systeme so auszustatten, dass diese riesige Datenmengen speichern können. Mit Hilfe dieser gewaltigen Datenmengen besteht die Möglichkeit, nutzerspezifische Angebote in Echtzeit anzubieten. Ein Beispiel: In Zukunft sollen Zuschauer eines Live-Spiels das Sportgeschehen auf einem Bildschirm verfolgen und die Bewegungen ihrer Lieblingsspieler und die Biometrie auf einem weiteren Bildschirm parallel in Echtzeit beobachten können. Außerdem soll es möglich werden, Interaktionen der Fans zu unterstützen, indem man beispielsweise in Echtzeit individuell gewunschte Statistiken anbietet. Im Hintergrund können die individuellen Nutzerdaten gesammelt und die Medienprodukte immer passgenauer angeglichen werden. Hieran arbeiten vor allem Amazon und Google mit Hochdruck – mit freundlicher Unterstützung der Sportverbände und -vereine. Die Herausforderung: Die Inhalte sollen zu individuellen, an die Rezeption angepassten Formaten entwickelt werden. Mit einem Klick soll der Sportfan an den gewünschten Content kommen – und dabei möglichst viele Daten und Fakten über sich selbst hinterlassen.

Die neue Stoßrichtung erscheint klar. Es geht um Daten, Reichweiten und Renditen. Die Sportinhalte werden nicht nach klassisch journalistischen, sondern unternehmerischen Gesichtspunkten ausgewählt und präsentiert. Vor allem Amazon versucht dabei seit einigen Jahren, die Sportberichterstattung auf ein neues Level zu heben. Künstliche Intelligenz soll Medieninhalte steuern. Es werden dabei einst journalistische

Kernaufgaben und journalistische Hochburgen übernommen. So kaufte Amazon die vormals investigative Journalis-
ten-Trutzburg *Washington Post* auf und setzte hier erstmals
ihren Schreibroboter »Heliograf« umfänglich ein. Bei den
Olympischen Spielen 2016 in Rio verfasste die Software Sportbeiträge – und dies in beliebig verschiedenen lokalen und regionalen Varianten. So konnte man von den Wettkämpfen
berichten und dabei für das jeweilige Land den wichtigsten
Sportler hervorheben.

Keine Frage: Die beschriebenen Entwicklungen auf dem
Sportmedien-Sektor haben zwangsläufig Auswirkungen auf
den Sportjournalismus. Die journalistische Arbeitsweise hat
sich durch die neuen kommunikativen Konstruktionen in
sehr starkem Maße verändert. Um sich behaupten zu können,
muss der Sportjournalismus sich zwar nicht gänzlich neu erfinden, jedoch sicherlich einige neue Wege gehen. Ansonsten läuft er Gefahr, zunehmend an Einfluss zu verlieren und
in vielen Bereichen nur noch zu einer Dienstleister- und Dis-
tributionsplattform zu verkümmern. Tatsächlich lassen sich
mittlerweile einige neue, vielversprechende Ansätze im Sportjournalismus entdecken.

Es zeigen sich erste Ansätze eines verstärkt datenbestimm-
ten investigativen Sportjournalismus. In den vergangenen
Jahren wurden einige internationale investigative Recherche-
und Publikationsnetzwerke mit Big-Data-Strukturen aufgebaut. Hier sind vor allem die internationalen Kooperationen von »Sportleaks.com« und »Football Leaks« zu nennen.
Diese Plattformen liefern brisante Hintergrundrecherchen.
Sie agieren eng vernetzt mit dem im Jahr 2016 gegründeten Recherchenetzwerk European Investigative Collabora-
tion (EIC) und setzen auf kollaboratives Projektmanagement.
Solche Recherchenetzwerke wie auch einzelne investigative
Journalisten konnten verschiedene in der Öffentlichkeit stark
beachtete journalistische Enthüllungsgeschichten über Do-
pingbekämpfung, Wettmanipulationen und Korruption plat-

zieren. Ein weiteres Beispiel: Auf Grundlage von in einer
Cloud gesammelten Wettaktivitäten zu 26 000 Tennisspielen
und auf Basis von Interviews deckten Berichterstatter des
innovativen US-Medienunternehmens BuzzFeed und der öffentlich-rechtlichen Medienanstalt BBC in ähnlicher Manier
Match-Fixing im Tennis auf. Mit herkömmlichen Recherchepraktiken wäre eine so große, präzise Datengrundlage kaum
möglich gewesen. Hierin liegt die große Hoffnung: durch
Big Data und Cloud-Systeme in internationalen Verbünden
für sauber recherchierte, global bedeutende Hintergrundge-
schichten zu sorgen.

Ein anderer innovativer Ansatz zeigt sich im verstärkten
Einsatz digitaler Assistenten in Sportredaktionen. Einige Medienhäuser konzentrieren sich auf die Kraft des Roboter-Journalismus und entdecken dabei den sogenannten Augmen-
tierten Journalismus für sich. Hierunter versteht man, dass
Journalisten in ihrer Recherche intelligente Software einsetzen. Datensätze werden gesammelt und Auffälligkeiten analysiert. Zunehmend taucht in Sportredaktionen auch das
sogenannte Automated Reporting auf. Automatisierte Anwendungen werden beispielsweise in Nachrichtenagenturen
genutzt, um Inhalte mit einfach strukturierten Inhalten wie
Sport- und Finanzberichte schnell zu erstellen. Automati-
scher Journalismus erhöht die Anzahl der Publikationen um
ein Vielfaches, da ein großer Teil journalistischer Basisarbeiten inzwischen von Maschinen übernommen werden kann.
Gerade im hoch standarisierten sowie digitalisierten Sportgeschehen bieten sich technisch bestimmte Automatismen an.
Produktionsweisen und Entscheidungsgrundlagen sind oftmals sehr ähnlich – und damit besonders gut planbar. Was
Amazon bei den Olympischen Spielen in Rio mit seinem Heliograf bereits vor Jahren vorgenommen hat, sickert nun langsam in die Sportredaktionen.

Eine weitere Hoffnung der Sportredaktionen liegt darin,
intelligente Software zur Steigerung der Produktivität zu nut-

zen, beispielsweise um Clipping-Aktivitäten zu automatisieren und Redakteuren so mehr Zeit für kreative Aufgaben zu verschaffen: Während die Software alle Live-Bilder und eine sekundengenaue Shotlist eines Fußballstars zusammenstellt, kann der Redakteur parallel das Storyboard schreiben. Computer können darüber hinaus intelligente Inhaltsempfehlungen für Redaktions- und Kreativteams erstellen. So können Spieler, Bälle oder andere Objekte auf Grundlage automatisierter Datenberechnungen während eines Live-Spiels gesondert mit den Kameras verfolgt und aufbereitet werden. Auch im Studio wird experimentiert: Grafik-Einblendungen der Namen von Studiogästen und Moderatoren können vollautomatisiert vorgenommen werden – mit Gesichts- und Spracherkennungssystemen. Möglich sind mittlerweile auch vollautomatisierte Kamera- und Lichtlenkungen im Studio. Der Zuschauer kann dabei die Unterschiede von Mensch- und Maschinen-Produktionen im Endprodukt normalerweise nicht mehr wahrnehmen.

Digitale Archive, digitale Meta-Analysen, digitale Publisher-Software, vollautomatisierte Produktionen und Ausspielungen haben somit bereits in sportredaktionellen Arbeitsprozessen Fuß gefasst. Inwieweit Sportjournalisten hierdurch ihre Zukunft sichern und journalistische Kernarbeiten gestalten können, wird sich noch zeigen. Eines scheint jedoch jetzt schon klar zu sein: Zunehmend treten neue ethische und organisatorische Fragen auf: Wie weit darf Roboterjournalismus gehen? Was darf Künstliche Intelligenz? Wer steht in der Verantwortung? Die Gefahren sind zahlreich und teils erheblich: Echokammern, Filterblasen, Fake News, tendenziöse, verzerrende Informationen.

Technik- und datengetriebene Medienformate schreiten zwar stark fort, jedoch sind sie alles andere als perfekt. Besondere Schwierigkeiten zeigen sich in der Einschätzung des Wahrheitsgehaltes von Informationen und im Zusammenwerfen unterschiedlicher Daten, Bilder und Texte. Der Ein-

satz ohne menschliche Kontrolle kann schnell für ein Verschwimmen von Nachricht und Meinung, Fakten und Fakes
führen. Was ungehemmte, ungesteuerte Medienformate
nicht nur im Journalismus anrichten können, thematisier-
te jüngst das Journalismus-Fachblatt *Medium:* »Die Polizei
von Los Angeles gab vor einigen Wochen bekannt, dass sie ihr
auf KI gestütztes Programm zur Kriminalitätsüberwachung
nicht mehr verwenden wird, weil es ebenfalls übereifrig auf
Minderheiten reagierte. Die Polizei von San Francisco musterte nach wenigen Einsatzwochen einen rollenden Über-
wachungsroboter wieder aus, weil sich seine Kameras zunehmend nur noch auf Obdachlose richteten. Microsoft musste
2016 seinen neuen Twitter-Chatbot › Tay‹ schon nach 24 Stunden wieder vom Netz nehmen, weil er im Kontakt mit Nazis
und Rassisten in Windeseile zum Ober-Nazi musterte und
übelste Tweets absetzte.« Das Problem liegt darin, dass Computer zwar komplexe Berechnungen durchführen können, jedoch nur begrenzt spezifische Schlussfolgerungen anstellen.

   Ein weiteres Problem: Das Prinzip der Personalisierung
von Sportinhalten klingt attraktiv. Doch was passiert, wenn
Nutzer nur noch die Sportinhalte hören und lesen wollen
– und dabei im Hintergrund durch automatisierte Daten
berechnungen gelenkt werden? Die Gefahr, dass sie von der
Welt des Sports nur noch stark gefilterte Bruchstücke mit-
bekommen, steigt enorm an. Filterblasen und Echokammern
entstehen, ohne dass es dem Nutzer bewusst wird.

   Keine Frage: Technik, Daten und Künstliche Intelligenz
verändern zunehmend den Sportjournalismus, nicht nur in
produktpolitischer Hinsicht, sondern auch in ethischer. Der
New Yorker Journalist Tom Kent hat bereits eine provisori-
sche Ethik-Checkliste für Roboter-Journalismus zusammen-
gestellt. Sieht man sich einige Fragen an, die hierunter gefasst
sind, zeigt sich, wie tiefgreifend tatsächlich die Mensch-Maschinen-Kommunikation redaktionelle Arbeitsweisen und
-verhältnisse verändert hat – und weiter verändern wird. Fra-

gen, die sich eine Redaktion zukünftig stellen muss, sind beispielsweise:

- Wie verlässlich sind die Daten?
- Stammen sie aus offiziellen Quellen?
- Wer kontrolliert die Algorithmen?
- Gibt es einen langfristigen Wartungsplan? Daten veralten
  und Datenquellen versiegen und müssen erneuert werden.
  Algorithmen müssen neuen Erfordernissen angepasst wer-
  den.
- Ist das System sicher vor Manipulationen und Datenmiss-
  brauch?
- Sind die Fakten sicher vor Manipulationen oder PR?
- Wie transparent geht man mit der Automatisierung gegen-
  über den Kunden um?

Es wird in Zukunft wohl stark darauf ankommen, welchen
Stellenwert und welche Aufgaben Redaktionen Künstlicher
Intelligenz und Roboter-Journalismus zukommen lassen.
Viele Gefahren sind durch einfache Kontrollmechanismen zu
beheben. Gegen Informationsblasen, Echokammern, Filterblasen und die Entstehung von Fehleinschätzungen und Vor-
urteilen helfen beispielsweise mehr menschliche Vielfalt und
interdisziplinäre Kompetenzteams in Redaktionen. Eine Auseinandersetzung mit diesen neuen Techniken und ihren Gefahren und Möglichkeiten scheint dabei unumgänglich.

7. Fazit und offene Fragen

Die vorliegenden Kapitel sollten verdeutlichen, dass es sinnvoll ist, »Sport« enger einzugrenzen als dies im Alltag häufig
geschieht. Vielerlei zentrale Aspekte können wir dann heraus-
kristallisieren, die gerade im medialen Umfeld wichtig sind.
Es wird schnell ersichtlich, dass wir es hier mit einer besonderen Spaß- und Freizeitaktivität zu tun haben, die schon früh
die Massen begeisterte. Bis heute ist Sport im sozialen sowie
medialen Kontext eines der populärsten Freizeit- und Unterhaltungsprodukte. Es ist kein Wunder, dass Sport schnell zum
Lieblingskind vieler Medienunternehmen wurde. Die Rech-
nung ist simpel: Die Medien benötigen massenattraktive Inhalte – und der Sport sorgt in besonderer Weise dafür. Für
den Sport waren die Medien dabei immer schon ein Steigbü-
gel. Reichweiten sorgten für Popularität. Popularität für Nachwuchs, Mäzene, Sponsoren, etc. Folglich entstand schnell eine
dauerhafte, enge Liaison zwischen Sport und Medien: höchst
dynamisch, immer lukrativ. Immer zu beiderseitigem Nutzen.
Unterhaltung und Sport war in den Massenmedien von Beginn an eine besonders erfolgversprechende Verbindung.

Es wird bei einer solchen Betrachtung schnell klar, dass
Sportjournalisten niemals nur über Sport berichteten. Und

© Springer Fachmedien Wiesbaden GmbH, ein Teil von Springer Nature 2020
C. Bertling und T. Schierl, *Sport und Medien*, Medienwissen kompakt,
https://doi.org/10.1007/978-3-658-29327-7_7

schon gar nicht nur kritisch. Dies lag noch nie in ihrer DNA. Vielmehr haben Journalisten schon immer versucht, Sport auch als mediales Unterhaltungsprodukt zu vermarkten. Dies wirkte sich auf den Berufszweig so aus, als ob eine Warmwetterfront auf eine Kaltwetterfront gestoßen wäre. Enorme Spannungen entstanden. Und es blieb dabei nicht nur bei dunklen Gewitterwolken. Über die Jahrzehnte standen sich immer unversöhnlicher zwei fast schon verfeindete Lager gegenüber. Die Sportjournalisten, die den Sport promoten. Und die Sportjournalisten, die sich als neutrale, kritische Beobachter verstehen. Jüngst schlug dabei ein größerer Blitz schon ein: Einige kritische Journalisten sahen sich nicht mehr in der Lage, im Sportjournalisten-Verband zu bleiben, und gründeten ihre eigene kleine Interessenvertretung. Zu viele unkritische, showorientierte Berichterstatter waren ihnen im Verband Deutscher Sportjournalisten (VDS) vertreten.

Doch nicht nur bei den Sportjournalisten sind große Spannungen zu beobachten. Auch im Sport verdichten sich die dunklen Gewitterwolken. Von einer Traumbeziehung zwischen Sport und Medien sprechen tatsächlich die wenigsten – eigentlich nur die großen Gewinner. Die Mehrheit der Sportarten sieht sich als große Verlierer. Sie sprechen von Konflikten, Spannungen, Brüchen. Während beispielsweise der Fußball wie ein überdimensionaler Magnet alles Interesse auf sich zieht, finden viele kleine (auch durchaus mitgliederstarke) Sportarten nahezu unter Ausschluss der Öffentlichkeit statt. Verständlich, dass sich viele Sportbegeisterte beschweren. Wo bleibt die Gerechtigkeit? Wo die Fairness und Solidarität? Und dennoch: Ihre Rückschlüsse scheinen zu simpel. Immerhin zeigten zahlreiche Sportarten und Sportler, dass mit aktiven Marketingstrategien durchaus große Aufmerksamkeit zu gewinnen ist. Viele Sportarten haben jahrzehntelang die mediale Logik verkannt. Sie haben sich eben nicht auf das mediale Zeitalter eingestellt.

Doch gerade jetzt – und noch mehr in naher Zukunft –

werden die richtige Einstellung und klare strategische Entscheidungen besonders wichtig. Es scheint so etwas wie eine
zweite Chance zu geben. Durch zahlreiche neue Medientypen,
digitale Plattformen, eigene Kommunikationskanäle können
sich Sportarten stärker denn je aus ihrem Dasein im medialen
Niemandsland befreien. Wer sich auf juristische Winkelzüge
beschränkt, wird in Zukunft noch stärker verloren sein. Spannend wird sein, ob Ungleichheiten und ihren Folgen durch
neue technologische Möglichkeiten begegnet werden kann.
Oder noch etwas konkreter: Ob mediale Randsportarten über
clevere Kommunikations- und Marketingstrategie in Zukunft
ihre Marktmacht entscheidend stärken können. Viele Verbände sehen ihre Chancen darin, eigene Kommunikationswelten
aufzubauen und mit den New-Media-Playern Amazon, Facebook, Twitter zu kooperieren.

Es lässt sich dabei durchaus die Tendenz erkennen, dass
der Sport sich immer stärker vom herkömmlichen Sportjournalismus entfernt. Zu unbequem sind kritische Berichterstatter. Um die eigenen Fans zu binden, schaffen sich die Vereine
ihre eigenen Kommunikationsplattformen. Kritische Aspekte
sind hier natürlich kaum vorhanden. Es zeigt sich sogar, dass
ein Verständnis für kritische Berichterstattung und ihren gesellschaftlichen Stellenwert bei einflussreichen Sportfunktio-
nären nahezu gänzlich abhandenkommt. Es sei nochmals an
die FC-Bayern-München-Presseshow erinnert. Zahlreiche
Sportjournalisten reagieren bereits pikiert, beleidigt, zynisch
und rachsüchtig. Sie sehen sich nicht mehr in der Lage ihren
Beruf auszuüben. Und dies bezieht sich nicht nur auf den eher
kleinen Zirkel kritischer Journalisten, sondern auch auf die
Entertainer unter den Sportjournalisten. Die Zutaten für eine
starke Story werden ihnen zunehmend vorenthalten: exklusive O-Töne, Hintergrundgespräche mit Stars, zeitnahe Informationen. Die nächsten heftigen Gewitterfronten sind bereits
am Horizont sichtbar.

Es scheint klar: Nicht nur Sportarten mit ihren Funktionären müssen sich stark bewegen, auch die Sportjournalisten müssen sich umorientieren. Es hilft nicht, auszuharren und die Wolken vorbeiziehen zu lassen. Dafür sind die Veränderungen zu groß, zu fundamental. Bringen wir es auf den Punkt: Mächtige Konkurrenz ist dem deutschen Sportjournalismus entgegengetreten. Globale Wirtschaftsunternehmen mit ihren Medienstrategien bestimmen schon heute in nicht unerheblichem Maße den deutschen Sport-Medien-Markt. Ein paar Beispiele aus jüngster Vergangenheit: Wer nicht über gute europaweite Geoblocker verfügt, bekommt keine Übertragungsrechte von sportlichen Großereignissen. Eher geben Sportrechtehändler dann die Rechte an medienferne Privatunternehmer, um andockende Pay-TV-Märkte zu schützen. Durch die großen Reichweiten der Neuen Medien sind sogar die erwähnten EU-Fernsehschutzlisten zu hinterfragen. Amazon kann durchaus eine frei zugängliche Live-Berichterstattung anbieten und damit die politischen Vorgaben erfüllen. Allerdings stellt sich hier die Frage: Ist das politisch gewünscht? Immerhin werden im Hintergrund Nutzerdaten erhoben und unternehmerisch weiterverwendet.

Eine große Änderung ist dabei heute schon klar: Die Live-Übertragung von Sportereignissen ist keinesfalls mehr sportjournalistisches Hoheitsgebiet. Amazon & Co. rüsten bedrohlich auf. Seit Jahren stocken sie ihre Live-Übertragungsrechte auf. Und nicht nur das. Sie treiben in rasantem Tempo eine technologische Innovation nach der anderen voran, um den Sport für ihre medialen Strukturen besonders attraktiv zu gestalten. Hier sei noch mal an Künstliche Intelligenz, Automated Reporting, etc. erinnert. Bereits jetzt sprechen viele Medienmanager im Sport nicht mehr von Broadcast. Ihre Erfolgsformel lautet: »Von Broadcast zu Narrowcast zu Personalcast.« Und an der technisch-publizistischen Umsetzung wird nicht nur in Silicon Valley mehr als fieberhaft gearbeitet.

Lange haben Sportredaktionen diese Aktivitäten unterschätzt. Social Media waren der kleine, unmündige Bruder.

Bis dieser Bruder ihnen weit über den Kopf gewachsen ist – und nun viel stärker für die Zukunft gewappnet zu sein scheint. Seit einigen Jahren allerdings nehmen die Sportredaktionen die Herausforderungen an. Sie nutzen neue Wege, um alte Aufgaben weiter erfüllen zu können. Die neuen Technologien werden immer stärker genutzt, um junge Menschen nicht zu verlieren. Besonders erfolgversprechend scheinen für den kritischen Sportjournalismus Big-Data-Projekte mit intelligenten Algorithmen, um weltumspannende Skandale aufdecken zu können. Die spannende Frage wird sein: Wie behauptet sich der kritische, investigative Sportjournalismus im medialen Konkurrenzfeld? Mit dem Einsatz neuer technologisch getriebener Recherche-Methoden stellen sich allerdings wichtige organisatorische und ethische Fragen wie: Wie verändern neue Technologien redaktionelle Arbeitsprozesse, Berufsbilder und berufliches Selbstverständnis? Inwiefern werden neue Technologien menschliche Arbeit ersetzen? Inwiefern sorgen neue Technologien für neue redaktionelle Arbeitsfelder – zum Beispiel den Einsatz von Mathematikern und Informatikern?

Man mag resümieren: Alles im Fluss. Alles möglich. Nur Stillstand nicht erlaubt.

Zum Weiterlesen

Bertling, Christoph/Thomas Schierl (2012): Der Behindertensport und die Medien. Gütersloh: Arvato.
Dieser Sammelband konzentriert sich auf die besondere Entwicklung des Behindertensports in den Medien. Es wird aufgezeigt, wie ein vormals randständiges Berichterstattungsobjekt zunehmend in den Fokus der Medien geriet und welche Veränderungen auf Sport- und Medienseite damit einhergingen.

Grimmer, Christoph G. (2014): Kooperation oder Kontrolle? Eine empirische Untersuchung zum Spannungsverhältnis von Pressesprechern in der Fußball-Bundesliga und Journalisten. Köln: Herbert von Halem-Verlag.
Wie kann eine Zusammenarbeit zwischen Pressesprechern und Journalisten funktionieren, wenn die Interessen derart gegenläufig sind? Unter welchen Voraussetzungen entstehen die Informationen, die in den Printmedien verwertet werden? Das vorliegende Buch geht diesen Fragen in der Fußball-Branche nach und zeigt die zentralen Entwicklungen von PR und Journalismus auf.

© Springer Fachmedien Wiesbaden GmbH, ein Teil von Springer Nature 2020
C. Bertling und T. Schierl, *Sport und Medien*, Medienwissen kompakt,
https://doi.org/10.1007/978-3-658-29327-7

Heinecke, Stephanie (2014): Fit fürs Fernsehen? Die Medialisierung des Spitzensports als Kampf um Gold und Sendezeiten. Köln: Herbert von Halem-Verlag.
Anhand von sechs Sportarten zeigt diese Studie, welche Strategien und Maßnahmen angewandt wurden, um eine Anpassung des Sports an die TV-Logik zu erzielen. Dabei werden Bedeutung und Stand der Medialisierung des Sports sehr deutlich sowie die daraus erwachsenden Folgen.

Horky, Thomas/Christian Kamp (2012): Sport. Basiswissen für Medienpraxis. Köln: Herbert von Halem-Verlag.
Dieser Band richtet sich vor allem an Berufseinsteiger und Studierende. Er berichtet von den Möglichkeiten eines Berufes mit viel Gestaltungsfreiheit und spannenden Begegnungen. Aber auch von Problemen, die einer qualitativ hochwertigen Berichterstattung bisweilen im Wege stehen. Für besondere Authentizität und Praxisnähe sorgen Beiträge namhafter Sportjournalisten, die ungewöhnlich offene Einblicke in ihre Arbeit gewähren.

Horky, Thomas/Thorsten Schauerte/Jürgen Schwier (2009): Sportjournalismus. Konstanz: UVK.
Das Buch gliedert sich in zwei Teile. Der erste Teil enthält berufsrelevante Erkenntnisse der Sportjournalistik. Ausgehend von der Berufsgeschichte werden Forschungsergebnisse zu Akteuren, Themen, Organisationsstrukturen, dem rechtlichen, ethischen und ökonomischen Rahmen sowie zur Nutzung des Sportjournalismus aufgezeigt. Im zweiten Teil des Buches geben erfahrene Sportjournalisten einen umfassenden Einblick in ihre Arbeit und in das notwendige Handwerk. Geordnet nach den Mediengattungen Print, Fernsehen, Hörfunk, Internet und Fotografie gehen sie auf die jeweiligen Voraussetzungen, Anforderungen, Arbeitsbedingen, die Besonderheiten des Mediums und der Mediengattung, auf das

Handwerk und den Stil sowie auf das Verhältnis zu Sportlern, Trainern und Verbänden ein.

Schaffrath, Michael (2007): Traumberuf Sportjournalismus. Ausbildungswege und Anforderungsprofile in der Sportmedienbranche. 4. Auflage. Münster: LIT-Verlag.
Das Buch bietet einen konkreten Einblick in sämtliche Berufsfelder der Sportmedienbranche – von Fernsehen und Hörfunk über Zeitung und Zeitschrift bis zu Presseagentur und Internet. Sportchefs stellen die jeweiligen Ausbildungswege, Anforderungsprofile und Arbeitsmarktchancen dar. Nachwuchsredakteure illustrieren Startschwierigkeiten und typische Anfängerprobleme.

Schauerte, Thorsten/Jürgen Schwier (2004): Die Ökonomie des Sports in den Medien. Köln: Herbert von Halem-Verlag.
Dieser Sammelband beschäftigt sich mit der Beziehung zwischen Sport, Massenmedien und Wirtschaft. Mit der Frage nach den Entstehungsbedingungen und der Bedeutung medialer Sportangebote setzen sich Vertreterinnen und Vertreter verschiedener Wissenschaftsdisziplinen sowie Entscheidungsträger aus der Praxis auseinander.

Schellhaaß, Horst M./Lutz Hafkemeyer (2002): Wie kommt der Sport ins Fernsehen? Eine wettbewerbspolitische Analyse. Köln: Sport & Buch Strauß.
In der vorliegenden Analyse lässt sich sehr gut nachvollziehen, warum Randsportarten es so schwer haben, in den Medien umfangreich thematisiert zu werden. Es wird darüber hinaus aufgezeigt, was verschiedene Sportarten tun können, um ihre mediale Situation wenigstens ansatzweise zu verbessern.

Schierl, Thomas (2007): Handbuch Medien, Kommunikation und Sport. Beiträge zur Lehre und Forschung im Sport. Schorndorf: hofmann-Verlag.
In diesem Sammelband bieten insgesamt 25 verschiedene Beiträge einen Überblick über die wichtigsten Bereiche des Mediensports. Die Beiträge sind von Wissenschaftlern sowie von erfahrenen Praktikern verfasst und geben einen Überblick über verschiedene Einordnungen und Perspektiven.

Glossar

Augmented Reality: Unter diesem Begriff versteht man eine computergestützte Erweiterung der Realitätswahrnehmung. Ein einfaches Beispiel ist die Einblendung von Distanzen beim Fußball durch künstliche Linien. Komplexere Anwendungen sind virtuelle Werbebanden.

Augmentierter Journalismus: Journalismus, bei dem Reporter und Redakteure KI-gestützte Software einsetzen. Dies geschieht im Sportjournalismus zunehmend bei einfachen Sportnachrichten sowie komplexen Big-Data-Projekten.

Automated Journalism: Journalistische Basisarbeiten werden von Maschinen übernommen. Gerade im hoch standardisierten sowie digitalisierten Sportgeschehen bieten sich KI-Algorithmen an.

Big-Business-Entertainment: Vor allem um neue Technologien einer breiten Bevölkerung zugänglich zu machen, werden massenattraktive Sportveranstaltungen als besonders populäre Medieninhalte aufbereitet, um eine große Unterhaltungsshow zu schaffen.

© Springer Fachmedien Wiesbaden GmbH, ein Teil von Springer Nature 2020
C. Bertling und T. Schierl, *Sport und Medien*, Medienwissen kompakt,
https://doi.org/10.1007/978-3-658-29327-7

Brandcasting: Der Begriff setzt sich aus den Wörtern Brand (Marke) sowie Broadcasting zusammen und bezeichnet die Verbindung von redaktionellen Inhalt und werblicher Kooperation. In der Sportberichterstattung wird diese Werbeform, die sich medienrechtlich in einer Grauzone bewegt, häufig eingesetzt.

Cloud-Systeme: Solche Systeme werden auch als Rechnerwolke oder Datenwolke bezeichnet. Darunter ist eine IT-Infrastruktur zu verstehen, die über das Internet verfügbar ist. Sie beinhaltet in der Regel Speicherplatz, Rechenleistung oder Anwendungssoftware als Dienstleistung. Hierdurch wird es möglich, zahlreiche neue Medieninhalte zu speichern und damit immer mehr Medienprodukte global und dabei individualisiert anzubieten.

EU-Schutzlistenregelung: Diese Regelung soll garantieren, dass hochkarätige Ereignisse ohne Extra-Gebühren im Fernsehen empfangen werden können. Seit Beginn wurden auf dieser Liste, die sich nicht nur auf Sportereignisse bezieht, bevorzugt sportliche Großereignisse aufgenommen und damit Olympischen Spielen und bestimmten Fußballspielen eine besonders große gesellschaftliche Relevanz zugeschrieben.

Inelastizität des Angebotes: In den Medien können gewisse, sehr populäre Inhalte weder durch andere Inhalte einfach ersetzt noch mengenmäßig ausgeweitet werden. Dies spielt im Sport eine große Rolle: Die Publikumsmagneten Fußball-WM oder Olympische Spiele sind einmalig und lassen sich nicht beliebig replizieren.

Kournikova-Syndrom: Der Begriff weist darauf hin, dass durch »soft skills« wie Attraktivität und/oder sexuelle Ausstrahlung ausbleibende sportliche Erfolge medial kompensiert werden können. Medien thematisieren bei vorliegenden Attributen – wie im Fall der Tennisspielerin Anna Kournikova besonders zu beobachten – diese Personen außergewöhnlich oft. Sportliche Leistungen treten dabei in der Berichterstattung stark in den Hintergrund.

(Unentgeltliche) Kurzberichterstattung: Nach § 5 des Rundfunkstaatsvertrags steht jedem in Europa zugelassenen Fernsehveranstalter zu eigenen Sendezwecken ein Recht auf unentgeltliche Kurzberichterstattung über Veranstaltungen und Ereignisse zu. Hierbei soll die Sicherung des nachrichtlichen Informationsinteresses der Öffentlichkeit im Vordergrund stehen.

Künstliche Intelligenz: Künstliche Intelligenz (KI) oder auch Artifizielle Intelligenz (AI bzw. A. I.) ist ein Teilgebiet der Informatik, das sich mit der Automatisierung intelligenten Verhaltens und dem Maschinellen Lernen befasst. KI spielt eine immer größere Rolle in nahezu allen Arbeitsprozessen von (sport)redaktionellem Arbeiten.

Magisches Dreieck: Eine äußerst enge Verflechtung zwischen Sport, Medien und Wirtschaft, die im Wesentlichen auf ökonomischen Interessen und Abhängigkeiten fußt. Diese enge Beziehung prägte den Sportjournalismus von Anfang an sehr stark.

Medialisierung: Als Medialisierung bezeichnet man die Anpassung eines sozialen Teilbereiches an die Logik der Massenmedien. Eine solche Anpassungstendenz wird im Bereich Sport allgemein als sehr hoch angesehen.

Opportunitätskosten: Opportunitätskosten werden auch als Alternativkosten oder Verzichtskosten bezeichnet. Sie stehen im medialen Konsum für den entgangenen Nutzen, wenn wegen des einen Medienangebotes ein anderes Medienangebot nicht genutzt werden konnte.

Programmautonomie: Der öffentlich-rechtliche Rundfunk kann selbst befinden, in welcher Intensität, in welcher Auswahl und in welcher Präsentationsform er seine Aufgabe zur umfassenden Sportberichterstattung erfüllt. Rundfunk ist staatsfern organisiert und kann nicht in einzelnen Programmelementen kontrolliert werden.

Prosumer: Die Zuschauer in den Stadien vor Ort sind nicht nur zahlende Kunden, sondern auch wichtiger Bestandteil des medialen Massenprodukts. Durch ihre Anwesenheit lassen sie das Sportereignis noch interessanter erscheinen.

Public Attention Market: Die Medien werden als zentrales Mittelstück zur Generierung von Aufmerksamkeit verstanden. So können zahlreiche Märkte aktiviert werden: Zuschauermarkt, Ticketing, Merchandising, Sponsoring.

Rammbock-Strategie: Die Entscheidung des Medienmanagements, populäre Sportereignisse zu nutzen, um schnell sehr hohe Reichweiten und damit Relevanz sowohl auf dem Zuschauer- als auch auf dem Werbemarkt zu erlangen und auszubauen. Das gelang beispielsweise TM 3 mit den Champions-League-Rechten auf dem deutschen TV-Markt.

Relevanzprinzip: Das Relevanzprinzip besteht in der Forderung, dass das Programm im Wesentlichen nach den Präferenzen der Zuschauer gestaltet wird.

Repräsentanzprinzip: Das Repräsentanzprinzip besteht in der Forderung, im Programm stärker die von Minderheiten vertretenen Meinungen zu berücksichtigen.

Schwellensportarten: Bei Schwellensportarten ist der Bekanntheitsgrad einzelner Personen gegeben, und damit sind auch erste Gesprächsthemen vorhanden. Rudimentäre Regelkenntnis lässt eine Einschätzung zu, und es entwickelt sich nicht nur in der Bevölkerung immer wieder sporadisches Interesse, sondern auch bei den Medien.

Vertikale Integration: Zahlreiche Sportorganisationen versuchen, sich durch den Aufkauf von Sportligen oder -mannschaften und die Installation von eigenen Produktionsfirmen oder Content-Häusern verschiedene Wertschöpfungsstufen zu sichern. Ihr Plan: Möglichst exklusiven Inhalt unter hohen Kontrollmöglichkeiten herzustellen und auf den Markt zu bringen.

Printed in the United States
By Bookmasters